本研究得到国家自然科学基金"玉米临储政策取消背景下粮食种植户群体适应性调整及演化研究（71973138）""劳动力成本上升背景下新型农业经营主体用工适应性调整与生产率提升研究（72473135）"，以及中国农业科学院科技创新工程(10-IAED-RC-10-2024、CAAS-CSAERD-202402 和 10-IAED-03-2024)的支持。

Research on the Effect of
CORN "PRICE-SUBSIDY
SEPARATION" POLICY
Based on Macro and Micro Dual Perspectives

# 玉米"价补分离"政策效果研究
## ——基于宏微观双重视角

吕开宇　丁永潮　◎著

中国财经出版传媒集团

经济科学出版社
Economic Science Press
·北京·

　　玉米作为中国第一大粮食作物，对保障国家粮食安全具有举足轻重的作用。2016 年国家以玉米为试点，将在东北三省一区实施多年的玉米临储政策调整为"市场化收购加补贴"新机制。玉米"价补分离"政策旨在充分发挥市场机制的调节作用，有效解决市场扭曲，推进玉米生产结构调整，保障农民基本收益。基于此，在优化结构方面，新的改革能否有效优化种植结构，玉米缩减种植面积效果如何？在市场机制方面，新的改革能否充分发挥市场机制作用，理顺政府和市场的关系？在增收保障方面，新的改革能否激发内生动力，保障农民收益可持续增长？在提高玉米竞争力方面，又能否提升玉米全要素生产率？在协调政策多重政策目标方面，能否兼顾其他政策目标，巩固规模经营大方向？显然，在农户规模分化日益加深和替代作物政策相继改革的背景下，基于宏微观视角，系统而全面地评价政策的实施效果不仅能够为优化玉米生产者补贴提供方案，还能为小麦、水稻在内的整个粮食支持政策的改革完善提供有益借鉴，具有十分重要的理论价值和现实意义。

　　本书基于农业政策评估理论和农户行为理论，借鉴国内外相关研究成果，构建包含政策目标领域效果和非目标领域效果的政策效果评估框架，运用黑龙江、河南和四川三省农户两轮追踪调查数据和 20 个玉米主产省的宏观数据，较为全面地评估政策效果。具体地，第一，从微观农户视角，分析政策对玉米种植面积的调整效应及不同规模农户的政策响应差异；第二，从政府与市场作用关系视角，在分析政策对玉米播种面积的长期动态效应的基础性上，探究市场机制是否有效发挥作用；第三，从收入结构视角，分析政策的收入效应及影响渠道；第四，分析政策对玉米全要素生产率的影响及作用渠道，并从省际差异视角分析政策效应的地区差异；第五，从规模异质性视角分析政策对土地规模经营稳定性的冲击。根据玉米"价补分离"政策的经验教训，并借鉴发达国家粮食支持政策的成败得失，提出未来进一步完善玉米生产者补贴政策体系和优化粮食价格支持政策市场化改革的举措和建议。

　　本书研究发现，玉米"价补分离"政策短期上基本实现了缩减玉米种植面积、充分发挥市场机制作用、保障农民收入和提高玉米全要素生产率的既定政策目标，但与此同时，政策给规模经营稳定性带来了新的风险，而且随着时间推移，政策干预环境的复杂化，政策部分目标面临新的挑战，如市场调节作用逐渐减弱，玉米出现了供给不足的等困境。具体地，第一，在调整玉米种植结构目标方面，政策的玉米种植面积缩减效果明显。短期内，玉米"价补分离"政策很好地引导了农户缩减玉米种植面积；长期看，政策的缩减效应明显波动。政策主要通过引导规模农户玉米种植面积大幅缩减实现政策目标。第二，在发挥市场机制目标方面，政策短暂地发挥了市场机制作用。市场调节虽然短暂地推动了玉米种植面积调整，由于外部环境的变化，政府调控逐渐成为长期影响农户种植行为的主导因素，市场调节的作用逐渐弱化。第三，在保障农户收入目标方面，政策在较大程度上实现了保障农民收益的政策目标。政策虽然抑制了经营性收入增长，但也通过增加转移性收入进行了弥补，而工资性收入的下滑是抑制农民可支配收入增长的重要原因。第四，在提升玉米竞争力目标方面，政策对玉米全要素生产率增长表现出显著的促进作用，但政策效应存在滞后性，政策实施第1年效应并不显著，此后6年促进效应持续显著；政策主要通过资源配置效应、财富效应和成本效应促进玉米全要素生产率增长；从省际差异来看，政策对玉米全要素生产率的政策效应在不同省份之间存在显著的空间差异。第五，在对规模经营的潜在冲击方面，政策给规模户的稳定经营带来新的风险点。政策使规模户的土地经营规模稳定性显著降低，然而对小规模户的影响却不明显。上述结果意味着，玉米"价补分离"政策整体上是有效的，短期效果更明显，而在长期上，受中美经贸摩擦和新冠疫情等外部冲击，政策目标面临不确定性。未来，应当采取配套措施，促进政策的稳定性和可持续性，这对水稻、小麦的价格支持政策市场化改革也具有重要的借鉴意义。

基于研究结论，本书提出以下政策建议：第一，中央政府要持续深化玉米市场化改革，积极发挥市场价格的引导调节作用，更好地发挥政府作用；第二，多举措保障东北三省一区农民收入，减轻粮食市场化改革对农民收入的冲击；第三，加强黑龙江和辽宁农业基础设施建设，提升其抵御自然灾害的能力；第四，健全支持规模经营主体稳定发展的政策体系，提升规模户有效应对市场变化和政策调整的能力；第五，采取有效措施改善玉米生产者补贴"错位"问题，提高生产者补贴精准度。

CONTENTS

目录

# 第1章 Chapter 1

# 绪　论

## ► 1.1　问题提出与研究意义

### 1.1.1　问题提出

玉米作为中国种植面积最大的粮食作物，对保障国家粮食安全具有举足轻重的作用。2008 年，在国内外玉米价格波动剧烈的背景下，为解决东北地区农民"卖粮难"问题，保障农民种粮收益和积极性，国家在黑龙江省、吉林省、辽宁省和内蒙古自治区（东四盟）（以下简称"东北三省一区"）① 对玉米实施临时收储政策（以下简称"临储政策"）②。玉米临储政策实施期间，玉米价格持续攀升，极大地调动了农民生产积极性（樊琦等，2016；吴海霞和葛岩，2016）。国家统计局数据显示，2007年全国玉米种植面积为 45 035.55 万亩，首次超过稻谷播种面积，2011 年

---

①　东北玉米产区在自然区划上，包括东北三省和内蒙古东四盟。由于内蒙古东四盟数据获取困难，并且其玉米种植面积占内蒙古自治区玉米总种植面积的 70% 以上，产量占全区的 80% 左右，借鉴隋丽莉（2020）的做法，本书以整个内蒙古自治区数据代表内蒙古东四盟数据。

②　玉米临时收储政策是指每年在玉米播种前国家公布最低收购价政策，当市场价低于最低价时，由国家指定的粮食企业以最低价进行收购，以此稳定市场价格，维护农民利益。

全国玉米产量达到 21 131.60 万吨，首次超过稻谷 20 288.25 万吨的产量，成为中国第一大粮食作物品种。玉米临储政策为保障玉米种植户的收益、粮食增产和保障国家粮食安全作出了突出的贡献。

然而，玉米临储政策也引发了一系列新的问题。首先，玉米出现阶段性、结构性过剩。在玉米价格长期高位运行的刺激下，国内玉米产量激增，又因国内外玉米价格长期倒挂，最终使玉米产业陷入了生产量、库存量、进口量"三量齐增"的困局（郑适，2016；武舜臣，2018）。其次，玉米下游产业承受着巨大压力，如生猪价格过度上涨、生猪产量增长不足以及玉米深加工企业面临全面亏损（贺伟和朱善利，2011；张俊峰和于冷，2019）。最后，玉米库存积压严重，财政负担较重。东北三省一区玉米增产以后，玉米大多进入国家粮库，导致仓储费用高企，仅2015 年估计的各项收储费用补贴金额达到 468 亿元（李国祥，2017）。玉米临储政策已经给中国玉米市场带来了一系列负面影响和冲击，严重损害了国内玉米产业的竞争力（顾莉丽和郭庆海，2017），亟须对玉米临储政策作出调整。

玉米"价补分离"政策是农业供给侧结构性改革的重大举措，也是深化粮食收储制度市场化改革和构建高水平社会主义市场经济体制的重要一步，准确、全面地评估政策效果，总结政策的成败得失，对完善"价补分离"政策和持续推进粮食收储制度市场化改革具有重要的借鉴意义。2016 年，国家把在东北三省一区实施多年的玉米临储政策调整为"市场化收购加补贴"的新机制：一方面，取消玉米临时收储政策，玉米价格由市场形成，反映市场供求关系，调节生产与需求；另一方面，建立玉米生产者补贴制度，对该地区实际玉米生产者给予一定的财政补贴，确保东北三省一区玉米种植户的收益稳定。玉米"价补分离"政策旨在充分发挥市场机制的作用，有效解决市场扭曲矛盾、改变作物比价关系、推进玉米生产结构调整、保障农民基本收益（习银生，2016；宫斌斌等，2021）。玉米"价补分离"政策是否发挥了作用，以及在多大程度上发挥了作用，一直备受关注。短期看，该政策大幅调减了玉米种植面积，但也带来了农民收入明显下降、规模经营放缓，甚至规模户"跑路"等负面问题（张磊和李冬艳，2017；顾莉丽等，2018）。长远看，市场调节作用逐渐弱化、政府调控不断增强，市场机制已经难以持续发挥优化玉米种植结构的作用，玉米价格加生产者补贴后的"新价格"成为影响玉米供给的主要因素（隋丽莉和顾莉丽，2020；宫斌斌等，2021），导致玉米由供给过剩转变为产量不足，引发关于粮食安全问题的担忧（徐志刚和安宁等，2023）。2024 年1 月，我国增加了东北三省一区玉米收储规模。玉米"价补分离"政策一定程度上陷入"一调就减，一减就慌，一慌就收"的怪圈。因此，亟须全面评估玉米"价补分离"政策效果，为政策调整完善提供科学依据。

　　然而，随着中国农户规模分化日益加深、替代作物政策相继改革和国内外经济环境剧烈变化，全面评估玉米"价补分离"政策效果面临诸多新的挑战。微观上，农户作为农业生产经营的主体，其政策响应是引发政策效果的微观基础，但随着农户分化日益加深，不同规模农户的政策响应行为存在差异。首先，规模户不仅在数量上成为农业经营的重要主体，在生产方式上更是引领现代农业发展的重要力量。自 2013 年以来，在国家政策大力推动下，规模户数量迅速增加，到了 2020 年，经营土地规模 50 亩以上的农户数已经达到 451.7 万户，① 规模经营群体已经成为中国农业经营主体中不可忽视的重要力量。其次，相对于普通户，规模户部分生产环节成本偏高、粮食售价偏低，种植利润整体偏低（罗丹等，2013；张士云等，2017；徐建玲等，2018）。最后，规模农户将更多劳动力投入农业生产领域，农业收入占家庭总收入的比重较高（王建军等，2012），而且土地经营规模扩大也放大了各种风险冲击引致的绝对损失（徐志刚等，2017）。不同规模农户在成本收益和受风险冲击程度上的差异，导

---

　　① 农业农村部政策与改革司. 中国农村政策与改革统计年报（2020 年）［M］. 北京：中国农业出版社，2021.

致在政策的平均效果背后可能出现规模异质性农户不尽相同的政策响应。

宏观上，大豆市场化改革政策的推进和国内外政治经济环境的变化对玉米"价补分离"政策效果也会产生潜在影响，政策干预环境的复杂性和政策的非线性变化，使政策效果存在复杂的区域差异化和时间异质性。首先，2017年国家将东北三省一区大豆目标价格政策调整为"市场化收购加补贴"，自此大豆和玉米补贴政策放在统一框架下。由于玉米和大豆是典型的竞争作物，国家对大豆的调控力度增强，也会进一步影响玉米"价补分离"政策效果。其次，2018年中美贸易摩擦加剧，为了增加国内大豆供应，国家大幅提高玉米大豆生产者补贴差额，大豆亩均生产者补贴要比玉米高出200元以上，生产者补贴差额逆转了市场条件下的玉米大豆比较收益，导致市场调节作用日益弱化，难以持续调整优化玉米种植结构。再次，由于政策干预环境的复杂性，东北三省一区的资源禀赋、自然条件等差异较大，"镰刀弯"地区①占比不尽相同，甚至各省份的生产者补贴标准也出现较大差异，这就导致各省份的政策效果可能存在差异，整体的政策效果难以揭示省际差异。最后，政策的非线性变化，受政策改革阶段性的特点、中美贸易摩擦加剧以及新冠疫情的外部冲击，政策效果可能是非线性的，而平均的政策效果也难以全面揭示政策的动态变化及其原因。

显然，农户微观视角与省级宏观视角互为补充、各具特色，兼顾两者才能对政策效果作出全面而系统的评价。首先，在农户分化日益加深的现状下，微观层面的农户规模异质性为准确评估玉米"价补分离"政策效果提供了一个有益的视角，有助于进一步厘清规模异质性农户的政策响应差异及其原因。其次，宏观层面的省级视角能够较为全面地揭示政策效果。尽管基于随机抽样的农户微观数据能够揭示政策变化趋势，

---

① "镰刀弯"地区包括东北冷凉区、北方农牧交错区、西北风沙干旱区、太行山沿线区及西南石漠化区，在地形版图中呈现由东北向华北—西南—西北的镰刀弯状分布，是玉米结构调整的重点地区。

但在揭示政策执行地区的总体政策效果方面力有不逮，而且由于各省份资源禀赋及政策响应的差异，省际间的政策效果可能也不尽相同，而基于省级宏观层面的数据分析，能够较为全面地反映政策执行地区的政策效果变化。最后，相对于微观农户数据，省级层面数据的时间维度较长，弥补了农户层面数据难以分析政策动态效果的不足，在替代作物政策变迁与新冠疫情的影响下，政策效应可能是非线性的，而省级层面长时间维度的数据更有助于揭示政策的长期动态效果。

政策效果评估是公共政策评估的核心内容，政策目标是政策效果评估的起点。实施玉米"价补分离"政策的主要目标是解决玉米产业阶段性、结构性过剩问题，在此过程中，更好发挥市场作用，理顺政府与市场的关系，也是解决玉米产业供求失衡的基本政策目标。同时，为了减轻玉米价格大幅下降对农民收入的冲击，国家还建立了玉米生产者补贴制度，保障农民合理收益。此外，国内玉米产业出现困局的深层次原因是国内玉米竞争力低，那么，通过提升玉米全要素生产率[①]来提高国内玉米市场竞争力自然也是政策的基本目标。综上，玉米"价补分离"政策的基本目标包括：推进玉米生产结构调整优化、充分发挥市场机制的调节作用、保障农民合理收益和提高玉米全要素生产率。围绕玉米"价补分离"政策的基本目标，政策效果评估亟须回答：玉米"价补分离"政策是否促进了玉米种植结构调整？是否充分发挥了市场机制作用？能否保障农民基本收入？又能否促进玉米全要素生产率提高？在政策目标之外，玉米价格市场化改革带来的玉米价格下降对规模经营可能造成冲击，还需回答玉米"价补分离"政策是否对规模经营稳定性造成冲击？此外，在农户规模分化、地区差异化以及外部政策冲击的背景下，政策效果是否存在异质性，政策的长期效果如何？同样值得关注。

————————

① 借鉴周鹏飞（2019）的研究，全要素生产率是指在最终产出中，除去传统有形生产要素劳动、资本和土地等以外的其他无形要素对经济增长的贡献，因技术进步、要素合理配置效率以及组织创新等而实现的增长。

为此，本书首先基于相关理论和政策评估思路，在梳理玉米"价补分离"政策基本目标和潜在非目标领域效果的基础上，构建政策效果评估的分析框架；其次利用微观农户调查数据和省级宏观数据对玉米种植面积、发挥市场机制作用、保障农民收入、提高玉米全要素生产率和促进规模经营稳定性等政策效果进行研究，并深入讨论玉米"价补分离"政策效果的规模异质性、区域差异化和时间异质性；最后根据实证分析结果，找出影响玉米"价补分离"政策效果差异的关键因素及其原因，总结政策的成败得失，提出优化与调整玉米"价补分离"政策和粮食收储制度市场化改革的相关政策建议。

## 1.1.2　研究意义

### 1. 理论意义

第一，根据土地经营规模将农户划分为异质性群体，丰富了农户研究视角。以往研究虽然已经意识到农户的规模异质性，但是从农户规模异质性视角出发，分析政策响应及其差异的研究依然比较少见。本书尝试从农户规模异质性视角分析玉米"价补分离"政策效果，并分析政策响应差异及形成机制。

第二，将东北三省一区分别作为分析对象，丰富了地区差异化研究视角。从研究区域上看，既往研究将东北三省一区作为一个整体进行政策效果评估，但是由于各省区自然资源禀赋不同、自然条件差异，以及"镰刀弯"地区占比也不尽相同，总体评估效果难以准确揭示各省区的政策效果。

第三，构建玉米"价补分离"政策情景下农户种植决策的分析框架。随着玉米"价补分离"政策实施，生产者补贴在一定程度上引导了农户的种植决策，然而既往研究大多未考虑到生产者补贴的作用，难以揭示玉米"价补分离"政策情景下的农户种植决策行为，本书将生产者补贴引入农户种植决策的分析框架，有助于全面揭示玉米"价补分离"政策情景下的农户行为逻辑。

第四，从市场机制作用层面丰富和拓展玉米"价补分离"政策评估相关研究。一直以来，政府干预被认为是农业供给侧结构性问题产生的根本原因之一，而市场机制则被认为是促进农业生产结构调整和资源配置优化的有效方法和途径，既往研究更多关注玉米种植结构的变化，而对背后的作用机制缺乏深入探讨。本书进一步分析了市场调节与政府调控的长期互动关系，来拓展政策评估视角。

第五，从政策非目标领域效果视角分析玉米"价补分离"政策效果。不同政策之间的相互作用导致公共政策组合效果复杂化，忽视了玉米"价补分离"政策对规模经营及其稳定性的冲击影响，也难以全面认识玉米"价补分离"政策的效果。本书引入政策非目标领域效果，进一步拓展与丰富了政策效果评估的维度。

### 2. 现实意义

首先，从微观对象上，研究结论可以为政府针对农户异质性制定种植结构调整政策提供参考。2021 年中央农村工作会议和 2022 年中央一号文件《中共中央 国务院关于做好 2022 年全面推进乡村振兴重点工作的意见》连续强调要大力提升大豆和油料产能，就农户层面而言，需要根据农户异质性采取更加有针对性的政策，才能更好地引导农户种植结构调整行为。本书研究有利于政府在制定政策时，根据异质性农户生产决策差异，采取更具有针对性的措施，引导农户生产结构调整行为。

其次，从宏观区域上，研究结论可以为政府采取具有省际差异化的政策提供决策依据。由于地区资源禀赋、自然条件等差异，各省份的玉米全要素生产率提升可能有各自的路径。本书研究结论有助于政策制定者在制定政策时，立足各省份的现状，制定省际差异化政策。

　　最后，对于政府部门完善生产者补贴政策具有重要的借鉴意义和参考价值。玉米"价补分离"政策的成效与经验，不仅涉及国内水稻和小麦政策未来改革的方向，更将决定 WTO 框架下推动农业供给侧结构性改革的长远路径（王学君等，2020）。本书研究结论有助于政府协调完善玉米大豆生产者补贴政策，并为后续主粮市场化改革总结经验教训。

## ▶ 1.2  核心概念界定

　　为了规避语义上的歧义所带来的争论，结合本书研究内容，对研究中涉及的核心概念给出明确的定义。

### 1. 玉米临储政策

　　玉米临储政策是最低收购价政策的拓展形式，是为稳定玉米价格而制定的应急性政策。在政策执行的东北三省一区，当玉米市场价格下跌较多、低于最低收购价时，国家指定企业（中储粮公司）按照最低收购价格入市收购，引导市场粮价合理回升。此外，临时收储玉米实行顺价销售即按照收购价加费用的顺价原则确定拍卖底价。

### 2. 玉米"价补分离"政策

　　2016 年，中国把在东北三省一区实施多年的玉米临储政策调整为"市场化收购加补贴"新机制，即本书所说的玉米"价补分离"政策。一方面，取消临时收储政策，玉米价格由市场形成，反映市场供求关系，调节生产与需求；另一方面，为确保该地区玉米种植户收益的稳定，建立玉米生产者补贴制度，对东北三省一区的玉米生产者给予一定的财政补贴。生产者补贴标准由各省（市/县）确定，发放时间多在当年 8 ~ 11 月。

### 3. 市场机制

市场机制是一个包含价格机制、供求机制、竞争机制和风险机制的有机整体，其中，价格机制是市场机制核心作用得以发挥的主导机制。价格机制是指在市场竞争过程中，某种商品市场价格变动与市场上该商品供求关系变动之间的有机联系和互动（丁声俊，2016）。市场机制是一个复杂的机制，其中价格机制是市场机制核心作用得以发挥的主导机制，因此本书选取价格机制来代表市场机制的作用。价格机制内涵丰富，就玉米"价补分离"政策而言，一是科学形成机制，玉米"价补分离"政策实施以后，玉米价格由市场供求关系决定；二是必要干预机制，针对"市场失灵"问题，政府在必要时对市场价格进行直接或间接的规范干预机制。价格机制之所以能够影响农户行为，主要在于市场机制能够传递市场信息。一方面，市场价格信息反映供求关系；另一方面，通过市场价格信息调节生产和流通，从而达到以价格信号引导产销和优化资源配置的目的。

### 4. 农户

首先，农户是一个家庭单位，即以姻缘关系、血缘关系和拟制血缘关系为纽带的社会生活共同体（钟涨宝，2010）；其次，农户以家庭为生产单位从事农业生产，农户集生产与消费决策于一体。随着土地经营权的分离，很多家庭已经不再从事农业生产。鉴于此，本书中的农户是指有承包地或从事农业生产的家庭。

### 5. 普通户与规模户

本书中的普通户与规模户仅指根据土地经营规模对农户进行的进一步划分。当前学术界对规模农户的界定标准尚不统一。官方的标准包括：2010 年，农业部明确由各地根据实际情况，确定种植大户具体标准，但一般每户不低于 30 亩；2016 年，第三次农业普查标准将一年一熟制地区经营土地 100 亩及以上、一年两熟及以上地区经营土地规模达到 50 亩及以上的界定为规模户。但应当意识到，由于地区资源禀赋的差异，规模户的标准也具有明显的地区差异。为便于讨论，在具体研究时，学者们又根据调研地区实际情况进行规模户的界定，还有学者以县或乡镇的户均规模进行界定（徐志刚等，2018；Lyu et al.，2019；张倩月等，2019；仇焕广等，2020）。

本书将经营土地规模高于所在乡镇户均经营规模 3 倍及以上的农户划为规模户，相对地，普通户是指经营土地规模小于所在乡镇户均经营规模 3 倍的农户。这是因为，尽管二轮承包至今由于农户分家和老人过世等原因，使有些农户的承包地达到了当地平均水平的 2 倍及以上，但一般很难超过 3 倍，而且一个乡镇内的耕地资源禀赋和人地关系尽管有差别，但并不会太大。因此，土地经营规模达到当地平均水平 3 倍及以上的大概率是规模户。这种确定方式不仅能够反映各地经营农地规模的特征，还在一定的区域范围内具备统一性。此外，为了进一步分析规模户内部分化问题，本书以各省份 2014 年土地规模中位数为标准，将规模户分为小规模户和大规模户。黑龙江、河南和四川三省大规模户的标准分别为 180 亩、56 亩和 37 亩及以上。

## ▶ 1.3  研究目标与研究内容

### 1.3.1  研究目标

本书基于玉米"价补分离"政策目标及其潜在政策影响，构建了包含玉米种植面积、市场机制作用、农民收入、玉米全要素生产率和土地规模经营稳定性五个方面的政策效果评估分析框架，并进一步从规模异质性和省域异质性视角扩展研究深度，从政策动态效果拓展时间维度较为全面地评估玉米"价补分离"政策效果。从而提出玉米"价补分离"政策的优化方向和措施，也为政府下一步进行小麦、稻谷等主粮价格支持政策市场化改革提供经验借鉴。具体包括以下研究目标。

目标一：确定玉米"价补分离"政策与玉米种植面积之间的关系。从微观农户视角，比较规模异质性农户政策响应及受冲击的差异；并进一步从宏观省级视角，分析玉米种植面积调整的长期效果及动态效应。

目标二：确定玉米"价补分离"政策实施后，市场机制是否发挥作用，并探究玉米种植面积调整背后市场调节与政府调控之间的关系。

目标三：确定玉米"价补分离"政策与农户收入之间的关系，并从收入结构性视角，系统性检验玉米"价补分离"政策对农户收入的影响渠道及程度。

目标四：确定玉米"价补分离"政策与玉米全要素生产率之间的关系及作用渠道，并从省际差异视角，分析各省份玉米全要素生产率的变化趋势及差异原因。

目标五：确定玉米"价补分离"政策与规模户土地经营规模稳定性之间的关系，并从规模户异质性视角分析玉米"价补分离"政策对农户土地经营规模稳定性的冲击。

## 1.3.2 研究内容

针对上述五个具体目标，本书包括以下研究内容。

内容一：从全国及省级宏观层面，定性分析玉米"价补分离"政策取得的政策效果。

内容二：基于农户层面微观数据，从农户规模异质性的视角，考察玉米"价补分离"政策对农户玉米种植面积的影响，并比较规模异质性农户政策效应的差异。

内容三：基于省级宏观层面数据，考察玉米"价补分离"政策对玉米种植面积调整的长期效果及动态效应，并从市场调节与政府调控的互动关系视角，考察玉米"价补分离"政策对玉米种植面积调整背后的主导机制，进而检验市场机制是否充分发挥作用，并进一步讨论主导机制变化的深层次原因。

内容四：基于省级宏观层面数据，从收入结构性视角，系统性检验了玉米"价补分离"政策对农民收入的影响及动态变化，更加准确地剥离出玉米"价补分离"政策对经营性收入、转移性收入和工资性收入的各自影响及动态效应。

内容五：基于省级宏观层面数据，考察玉米"价补分离"政策对玉米全要素生产率的影响及作用渠道，并探讨省际玉米全要素生产率变化差异及原因。

内容六：基于农户层面微观数据，分析玉米"价补分离"政策对规模户土地经营规模稳定性的影响，并从规模户异质性的视角，比较规模异质性农户土地经营规模稳定性的变化差异及原因。

## ▶ 1.4　研究方法与数据来源

### 1.4.1　研究方法

#### 1. 文献归纳法

为了更好实现研究目标，本书首先对国内外粮食价格支持政策的效果和对中国的借鉴、农户规模分化及农户行为差异，以及粮食价格支持政策效果评估等领域的研究进展和研究成果进行了系统的梳理与回顾，既往研究为本书的研究奠定了基础，同时通过发现以往研究存在的不足，总结和提炼本书的研究问题和研究意义。

### 2. 统计分析法

结合官方和其他渠道公布的以及实地调研获取的各种粮食生产、粮食价格、农民收入等方面的数据，运用描述性统计分析的方法，分析玉米"价补分离"政策取得的成效，更为直观地呈现政策效果。

### 3. 数理与数量经济分析法

基于数量经济学的相关方法，借助经济计量模型对数据进行分析和解读，极大地提高了研究过程与结果的科学性和严谨性，研究结论也更有说服力。因此，本书拟借助双向固定效应、双重差分模型和合成控制法等政策评估领域常用的计量方法，系统地测度和分析玉米"价补分离"政策对玉米种植面积、农户收入、玉米全要素生产率及经营规模稳定性的影响等问题，并借助中介效应，进一步探究政策的作用机制。根据研究内容，具体实证方法的基本原理和注意事项等将在相关章节进行介绍。

## 1.4.2　数据来源

本书的宏观数据来自历年《中国统计年鉴》、《中国农村统计年鉴》、国家统计局网站，以及历年《全国农产品成本收益资料汇编》等国内可公开获得的统计资料。

本书的微观数据是农户层面的调查数据。该数据是中国农业科学院农业经济与发展研究所联合南京农业大学经济管理学院和中国人民大学农业与农村发展学院，分别在 2015 年 8 月和 2018 年 8 月对中国黑龙江、河南和四川三省开展的粮食规模化生产情况的跟踪调研数据。此次调研采用分层随机抽样方法。首先，在选取玉米种植户和水稻种植户为研究对象的基础上，综合考虑地域分布和经济发展水平，在全国 13 个粮食主产区中选取黑龙江、河南和四川作为样本省；其次，在每个样本省根据经济发展水平和地理位置分布分层抽样选取 4 个样本县；再次，在每个样本县依据同样的原则选取 2 个样本乡镇；最后，在每个样本乡镇按照 3∶5 的比例随机抽取规模户和非规模户。① 采用了入户面访的调查方式，第二期调查则是在第一期的基础上进行追踪回访，对遗失的样本户则选择家庭和土地特征较为相似的农户进行补充，通过完善问卷质量检查和监督制度，保证问卷质量。两轮调查共获得样本 781 户，总体样本涵盖了黑龙江、河南和四川三省 12 市（县）92 村（见表 1 - 1）。

表 1 - 1　　　　　　　　农户调研样本分布

| 省份 | 县（个） | 行政村（个） | 农户（户） |
| --- | --- | --- | --- |
| 黑龙江 | 4 | 24 | 265 |
| 河南 | 4 | 16 | 260 |
| 四川 | 4 | 52 | 256 |

资料来源：作者根据调研数据整理。

## 1.5　本书结构安排与技术路线

### 1.5.1　章节安排

本书内容共分为 9 章。

第 1 章为绪论。介绍研究背景、问题提出和研究意义，在此基础上提出研究目标与研究内容，简介研究方法，介绍数据来源，提出创新与不足之处以及本书的技术路线。

第 2 章为理论基础、文献综述和分析框架。回顾农业政策评估理论和农户行为的相关理论，为构建政策效果评估框架做铺垫；综述国际农

---

① 根据统计年鉴资料，以及在当地政府部门了解到的信息，确定每个乡镇的户均耕地面积；然后，将经营土地规模在户均耕地面积 3 倍及以上的农户定义为规模户，在 3 倍以下的农户定位为普通户。

业补贴政策的成效与经验借鉴、对不同规模农户行为差异的争论、粮食价格支持政策效果评估，其中，着重综述了玉米"价补分离"政策效果相关研究，以说明本书的学术意义；借助政策评估的思路，在梳理玉米"价补分离"政策的基本目标的基础上，构建政策效果评估的分析框架，并从研究对象的异质性视角，进一步丰富政策评估维度。

第 3 章为玉米价格支持政策变迁及效果。一方面，从时间维度，梳理改革开放以来国家粮食价格支持政策发展历程；另一方面，梳理玉米价格支持政策演变，并通过描述性分析，定性分析政策效果。

第 4 章为玉米"价补分离"政策的玉米种植面积调整效应。从微观农户视角，分析政策对农户玉米种植面积的影响；从农户规模异质性视角，考察政策对不同规模农户玉米种植面积影响的差异。

第 5 章为玉米"价补分离"政策的玉米种植面积调整效应及机制分析。基于省级层面长面板数据，探讨玉米种植面积调整的长期政策效果与动态效应；探究玉米种植面积调整背后，市场调节与政府调控作用及其变化，检验市场机制是否充分发挥；分析玉米种植面积调整作用机制变化的深层次原因。

第 6 章为玉米"价补分离"政策的收入效应。基于省级宏观层面数据，考察玉米"价补分离"政策对农户收入的影响，并从收入结构性视角，更加准确地剥离出玉米"价补分离"政策对经营性收入、转移性收入和工资性收入的各自影响及动态效应。

第 7 章为玉米"价补分离"政策的全要素生产率促进效应。基于省级宏观层面数据，考察玉米"价补分离"政策对玉米全要素生产率的影响，重点关注政策效果的省际差异与作用机制。

第 8 章为玉米"价补分离"政策的规模经营稳定性冲击效应。考察玉米"价补分离"政策对规模异质性农户土地经营规模稳定性的影响，并比较规模异质性农户土地经营规模稳定性变化的差异。

第 9 章为主要结论与政策建议。

## 1.5.2　技术路线

根据研究目标和研究内容，本书的技术路线如图1-1所示。

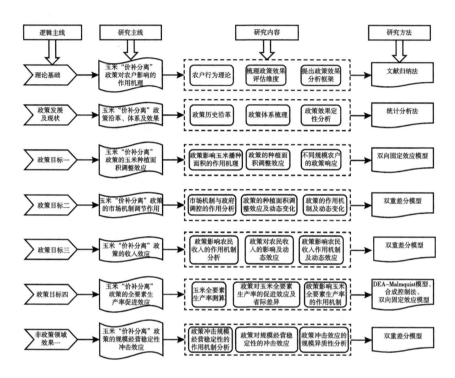

**图1-1　本书技术路线**

## ▶ 1.6　创新与不足

### 1.6.1　创新

第一，细化了研究对象，得到了更为全面的政策评估结果。首先，在农户规模分化日益加深的背景下，从农户规模异质性视角，系统分析玉米"价补分离"政策的效果及影响机制。其次，从收入结构视角，更加准确地剥离出玉米"价补分离"政策对经营性收入、转移性收入和工资性收入的各自影响及其动态效应。最后，从省际差异视角，借助合成控制法，从东北三省一区整体和分省（区）两个层面评估政策对玉米全要素生产率的影响及省际差异。

第二，更为全面地刻画了玉米"价补分离"政策情景下农户的种植决策行为框架，更为准确地评估了政策效果。既有研究将玉米临储政策取消和玉米生产者补贴实施归为玉米"价补分离"政策，并生成一个政策虚拟变量，微观上，这样的设置忽视了普遍存在的补贴"错位"现象，即实际种植户未必能够获得生产者补贴。然而，生产者补贴已经成为影响农民种植决策的重要因素，如果忽视了生产者补贴，则难以准确揭示政策对农户种植决策的影响。本书引入生产者补贴相关变量，构建玉米"价补分离"政策情景下农户的种植决策行为框架，较为准确地揭示了农户行为逻辑。

第三，从政策效应宽度和时间维度上进一步拓展政策评估效果。首先，从作用机制层面丰富和拓展玉米"价补分离"政策评估相关研究，充分发挥市场作用，理顺市场和政府关系，形成供求动态均衡的长效机制是评估政策效应的重要指标，但现有文献主要从玉米种植面积或种植结构变化视角来分析政策效果，鲜有文献研究市场机制是否发挥作用。本书从市场调节与政府调控的长期互动关系出发，深入分析政策主导作用机制的演变及原因。其次，不同政策之间的交乘作用导致公共政策组合效果复杂化，从公共政策相互作用视角，进一步分析玉米"价补分离"对规模经营产生的影响，丰富和拓展了玉米"价补分离"政策评估研究。最后，揭示了玉米"价补分离"政策的长期动态效应。受政策改革阶段性的特点以及中美经贸摩擦加剧、新冠疫情等外部冲击影响，政策效应可能是非线性的，研究 2016～2022 年 7 年间的政策效果，从更长的时间维度评估政策效果，有助于提高评估结果的真实性与全面性，还能进一步分析政策动态效应及其深层次原因。

## 1.6.2 不足之处

当然，受作者知识水平和研究手段的限制，本书也存在一定的不足之处。

第一，政策效果评估的全面性仍显不足。粮食价格支持政策市场化改革目标具有多重性，如市场化定价、减轻国家财政负担、稳定市场预期和确保市场有效供给的目标等。本书也仅是基于调整玉米种植面积、发挥市场机制、保障农民收入、提高玉米全要素生产率和稳定土地经营规模等方面，较为全面地评估玉米"价补分离"政策效应，但政策还会对其他因素产生影响，尽管穷尽分析政策效果是不现实的，但是受作者学识、关注重点的局限，当前政策效果评估的全面性仍然存在不足。

第二，评估玉米生产者补贴效果的准确性不足。微观数据上，由于缺乏更细致的数据，本书的玉米生产者补贴仅从是否获得的角度，而不是从玉米种植户实际获得的补贴金额角度进行研究。宏观数据上，尽管搜集了省级层面的玉米和大豆生产者补贴，在一定程度上揭示了政策总体效果，但仍然面临省域内各县生产者补贴存在差异，以及缺少农户获得生产者补贴的实际情况等问题。

第2章
Chapter 2

# 理论基础、文献综述
# 与分析框架

## ▶ 2.1 理论基础

### 2.1.1 政策评估的基本理论

　　既有研究对公共政策评估的含义仍存在一定争议，目前学界尚未形成统一界定。最具代表性的定义主要有以下几点：一是公共政策评估的着眼点是政策效果（张金马，1992）；二是公共政策评估是对政策方案或政策计划的评估（丘昌泰，1999）；三是公共政策评估是对政策全过程的评估（斯图亚特·S. 内格尔，1994）。贠杰和杨诚虎（2006）在系统的观念下，结合既有研究，将公共政策评估定义为：在特定的政策制度下，评估主体按照一定的评估标准和程序，对公共政策的质量和效果，以及构成政策系统的诸要素、环节和评价方法进行局部或全面分析，并获得相关信息与政策结论的过程。他们还将政策评估分为狭义层面的政策评估（即对政策效果或政策方案等公共政策系统某个或若干个要素及环节的评估），以及广义层面的政策评估（即对公共政策系统的整体性评估或全过程评估）。

政策效果评估是政策评估的核心内容和重点领域。在政策效果评估的基本思路上，负杰（2023）对政策效果进行了更为细致的划分，不仅包括评估政策既定目标的政策效果，还包括政策非目标领域效果，并在此基础上，分析政策效果的长期趋势和表现形式。这种政策效果评估基本思路对于构建评估玉米"价补分离"政策效果的框架具有重要参考价值。

### 2.1.2　蛛网模型

蛛网模型是用于市场动态分析的一种理论模型。在农产品交易过程中，当农产品价格发生变动时，供给不能立刻作出反应，而是出现"时滞"，根据农产品需求和供给弹性的不同，蛛网模型分为收敛性、发散性和封闭性三种。蛛网模型有三个假设前提：其一，农产品从生产到产出需要一定的时间，且在这段时间内生产规模无法改变；其二，本期的产量决定本期的价格；其三，本期的价格决定下期的产量（钟甫宁，2011）。发散性蛛网模型为本书分析玉米"价补分离"政策对农户生产行为的影响提供了理论依据。对于玉米来说，适用于发散性蛛网模型，这是因为玉米的供给弹性大于需求弹性，即价格变动对供给的影响大于对需求的影响。当玉米价格下降时，需求增加不多，而供给却下降很多。

### 2.1.3　农产品比价关系

农产品比价为本书分析玉米大豆价格变动和相对收益变动对农户种植结构的影响提供了理论依据。农产品比价是指同一时期、同一市场各种不同类别农产品之间的比例关系，通常以农产品收购价格为标准价格进行比较。它直接影响着不同农产品生产者的收入，同时也影响到农产品的生产和交换，当一种农产品的价格相对于另一种农产品的价格上涨或下降时，生产者会认识到应增加或减少此种产品的产量（钟甫宁，2011）。农产品之间存在着一种相对平衡的比价关系，农产品比价反映了农产品种植的比较效益，并且会影响农产品种植结构（钱贵霞等，2017）。

### 2.1.4　农户行为理论

农户种植调整行为的本质是农户行为的变化，因此从理论层面分析农户行为的目标尤为重要。

#### 1. 理性小农

理性小农学派认为，农民的生产动机是追求利润最大化。舒尔茨在其代表作《改造传统农业》一书中，首次提出了"理性小农"的概念，他认为，在传统农业中，农民是理性的，能够根据市场价格的变动迅速调整生产要素配置，使生产要素配置达到最优化。

#### 2. 生存小农

与理性小农学派的观点不同，生存小农学派认为，农民的生产目的并不是追求利润最大化，而是满足家庭消费需要。恰亚诺夫在其著作《农民经济组织》一书中提出，家庭经济单位不使用雇佣工资劳动，完全依靠家庭成员从事生产，以满足自身消费为目的。即使存在少量雇工，也不是为了赚取利润。他首次提出家庭经济单位的劳动——消费均衡公式来解释小农家庭的经济行为逻辑（徐建青，1988）。家庭农场兼具生产单位和消费单位特征的特点，并且首先是消费主体，其次才是生产主体（李周等，2017）。

#### 3. 综合小农

综合小农理论进一步丰富了生存小农理论，增加了家庭受剥削的概念。

黄宗智在其代表作《华北小农经济与社会变迁》一书中，首次提出综合小农理论。他首先主张小农在追求利润、维持生计和受剥削三个方面是密不可分的统一体，应当从家庭农场兼顾生产单位和消费单位的特点来理解，这样的家庭式农场的生产目的是追求生存而非追求最大利润（黄宗智，1986）。

### 4. 农户家庭经济学理论

农户家庭经济学理论对经典农户行为理论进行了进一步归纳与丰富，认为作为理性经济人，农户的家庭决策并不是追求单纯的利润最大化，而是追求有条件的利润最大化，即在与家庭其他目标的权衡和资源约束下，在市场经济条件下追求利润最大化（弗兰克·艾利思，2019）。

经典的农户行为理论从不同角度对不同地域、不同时间节点上农户的行为动机与外在约束进行了深入分析，具有深刻的洞见性。如今绝大多数的中国农户，虽然已经不再面临生存层面的威胁，但仍然面临各种风险的冲击。因此，本书假定农户是理性经济人，追求有条件的利润最大化。

## ▶ 2.2 文献回顾

本书基于农户异质性和省域异质性视角评估玉米"价补分离"政策效果。基于这个目标，本书主要围绕粮食价格支持政策的国际经验、农户异质性分化及行为特征，以及粮食价格支持政策效果评估三个领域进行文献综述。

### 2.2.1 有关粮食价格支持政策改革的国际经验研究

#### 1. 粮食支持政策的国际经验

欧美国家农产品价格支持政策实施时间早，已经形成了较为稳定的农产品价格支持政策体系。美国目标价格政策经过反复与多次调整。1973 年，美国开始实施目标价格政策，政府根据农产品生产成本和适当的利润确定目标价格，当市场价格低于目标价格时，即对农业生产者进行差额补贴。1996 年，美国取消了目标价格补贴政策（Baffe et al.，1998；Dragan et al.，2008）。2002 年，美国又重启了目标价格补贴政策，此后经过不断发展与完善，目标价格补贴政策成为美国最重要的农业支持政策，极大地保护了农场主的种植积极性、稳定了农民种粮收益（Maier et al.，2010；Chilosi et al.，2013；Chen et al.，2013；Cisse et al.，2015）。此后，美国农业支持政策不断发展完善。美国农业支持政策的主要目标是减少和控制农业风险，保障农民收入，稳定农业生产（倪洪兴和叶安平，2018）。美国农业支持政策主要包括三个层面。一是基于价格和收入变化，提供收入收益基本保障。1990～2002 年，美国农业政策发生较大变革，逐渐开始引导农业生产市场化，减少农业补贴。2002～2014 年，开始实施直接补贴和反周期补贴，市场化农业政策发生逆转。二是基于正常市场预期，通过补贴保费提供收入风险保障。《2014 年农业法》在取消补贴等支持手段的同时，新设立了与生产不挂钩的农业保险计划。三是特殊情况下提供的灾害救助。《2008 年农业法》建立了补充农业灾害援助计划，对因自然灾害而无法获得收入或失去牲畜、遭受损失的农民给予帮助（杜艳艳，2014；彭超，2014；顾和军和李青，2016）。欧共体早在 20 世纪 60 年代就开始实施农产品价格支持政策。通过建立最低收购价机制，欧共体粮食价格显著地高于世界市场价格，使粮农的收入得到了有效保障（Munk，1989）。在亚洲地区，日本为了保障粮农收入，也实行了严格的粮食管理价格制度（Honma，2009）。

粮食价格支持政策对农业的发展具有举足轻重的作用，但是对农产品价格保护政策的效果仍然存在争议。粮食价格支持政策的效果显著，平抑了农产品价格波动、保护了农场主种植积极性、增加了粮食种植面积、提高了粮食单产水平，但是价格保护政策对市场的过度干预造成了市场扭曲，粮食价格难以反映真实的供求关系，而且过高的保护价格也给政府财政造成了巨大负担（Ralph et al.，2006；Shahidur et al.，2007；Christophe，2013）。在此背景下，也有学者提出政府应当减少对市场的干预和扭曲、发挥价格机制的作用（Shahidur et al.，2007），由于价格支持政策对市场的负面作用日益加深，为减少对市场的扭曲、减轻财政负担，欧美等主要发达国家开始实施直接补贴政策（Honma et al.，2008）。

### 2. 国内关于粮食支持政策国际经验的借鉴与梳理

国内很多学者对欧美等发达国家的价格支持政策演化进行了较为系统的分析，总结其经验教训，以期为中国粮食价格支持政策改革提供经验借鉴。部分学者梳理了美国农业补贴政策发展历程，从美国补贴政策演化的历史经验出发，归纳美国农业补贴政策对中国的经验与启示。其一，政府对农业补贴政策要设定明确的政策目标。若缺乏明确的政策目标，会影响政策体系及政策效果（刘彦伯，2013）。李登旺等（2015）提出重新定位我国农业补贴政策目标，短期来看，要从数量与质量上确保粮食安全；长远来看，还应关注粮食可持续生产能力。其二，从法律层面完善补贴制度，健全补贴法律体系，通过法律来保持农业补贴政策的稳定性与连续性（吴雪燕，2010）。其三，充分利用 WTO "绿箱补贴"规则，增强 "绿箱"措施的应用，提升对农业发展的支持补贴力度（李万君和李艳军，2014）。其四，健全政策性农业保险制度，积极推行农业保险保障农民收入（詹琳，2015）。其五，对中国农业支持政策方向性的借鉴。在总结美国农业支持政策成功经验的基础上，吕晓英和李先德（2014）认为提高农业的长期竞争力、促进公平和实现农业可持续发展应当是中国农业补贴政策未来发展的方向。其六，美国目标价格政策的教训。单一政策措施无法实现多个政策目标，需要综合政策才能兼顾多个目标、取得更好的效果（齐皓天等，2016）。

还有学者分析了欧盟共同农业政策的演变过程，分析其对中国的借鉴与启示。其一，粮食安全处于中国农业政策的首要位置。中国是一个人口大国，改革粮食收储制度，并不意味着完全放弃对农产品市场的干预，粮食安全是农业政策改革的底线（于晓华等，2017）。其二，以价格市场化为导向，减少政府对价格的干预和扭曲。中国要充分利用 WTO 规则，导入市场竞争，农产品价格逐步实现市场化，扩大对生产扭曲较少的"绿箱"措施，如加强农业基础设施建设、提高农业科技创新能力和完善农业社会化服务体系等（罗超烈和曾福生，2015）。其三，在市场化改革进程中，要维持农民一定的收入水平。推进市场化改革，要将保供和增收目标相分离，并非只有扭曲农产品价格才能实现保供和增收的双重目标，在改革价格支持政策时，实施直接补贴同样可以实现保供和增收的双重目标（周应恒等，2017）。

## 2.2.2　有关规模异质性农户行为的研究

### 1. 国外规模经营的相关研究

规模化经营被普遍认为是农业现代化发展的重要方向和内容，但对规模经济效应的争议一直存在。国外现有文献针对规模经营的研究主要集中于土地产出率与规模关系，既有研究表明，规模与土地产出率呈"IR 关系"，即随着农场经营规模的扩大，农作物单位面积产量表现出下降的趋势（Sen，1962；Carter，1984；Barrett et al.，2009；Kagin et al.，2015）。

但也有不少研究发现了与"IR 假说"不同甚至相反的关系。巴基斯坦的数据有效地解释了这两种观点，小规模农场消耗大量的"传统"投入，有效提高其土地生产率，但是，随着 20 世纪 60 年代与"绿色革命"相关的新技术采用相对较快，规模农场更多地使用了"非传统"投入，规模户的生产率相对较高（Mahmood，1979）。印度的数据也证明新技术采用会导致规模与土地产出率"IR 关系"消失，这是因为小规模生产相对于大规模生产的静态优势的基本前提是技术落后，但随着涉及化肥、节省劳力的机械和现代灌溉设备的技术进步，这种反比关系很可能会消失（Ajit，1979）。在同样面临地块分散问题的日本，土地细碎化会增加生产成本并影响规模经济，而随着农场规模的扩大，这些影响会加剧（Kawasaki，2010）。

### 2. 国内规模异质性农户的界定

随着农户规模分化，农户规模异质性明显增强，但是当前无论是政府还是学界对规模农户的界定标准尚不统一。政府标准也是不断变化的。2010 年，农业部明确由各地根据实际情况确定种植大户具体标准，但也提出了原则，即一般每户不低于 30 亩；2016 年，第三次农业普查标准将一年一熟制地区经营土地 100 亩及以上、一年两熟及以上地区经营土地规模达到 50 亩及以上的农户界定为规模户。学界的标准则相对灵活，具体的界定方法分两大类：一类是根据调研地区的实际情况按照具体亩数为标准，具体的界定标准又因研究地区土地禀赋的差异而千差万别（姜长云，2015；刘鹏凌等，2015；李容容等，2015；江鑫等，2018；孙艳等，2019）；另一类是基于不同地区的户均规模确定，通常将经营土地规模高于当地户均经营土地规模 3 倍及以上的农户划为规模户（徐志刚等，2018；Lyu et al.，2019；张倩月等，2019；仇焕广等，2020），这种确定方式既能够反映各地经营土地规模的特征，在一定的区域范围内又具备统一性。

### 3. 国内规模异质性农户的农业生产行为研究

规模户与小农户的农业生产行为呈现出明显差异。在当前中国土地制度和技术水平下，规模户的形成决定了其土地成本高昂、对机械依赖性强、行为高度市场化等基本特征（姜长云，2015；赵丹丹和周宏，2018），进而导致规模户与小农户之间的农业生产行为差异显著。

具体地，在降低成本方面，受劳动力资源短缺限制，大规模农户更倾向于选择节约劳动力的生产方式，对现代农业技术的采用远高于小规模农户（张忠明和钱文荣，2008）。农地规模越大，农户自有机械使用率、总机械化率水平越高（曾雅婷等，2017；祝华军等，2018），为了降低生产成本、提高收益，规模经营户更倾向于采用节水灌溉、有机肥施用等新技术（诸培新，2017；李娇等，2019；李兆亮等，2019；祝伟等，2021），加上大规模农户更加专业化的生产及经营管理能力，规模经营会降低农产品生产成本（刘强等，2017）。在市场化生产方面，规模户的农业经营行为高度市场化，将农业比较收益和绝对收益获得者作为第一依据的比重远高于普通农户（姜长云，2015）。农户种植规模越大，影响其种植行为的因素中市场因素的作用越明显，因此，粮食价格一旦下降，较大规模的农户减少种植面积的可能性更大（贾娟琪等，2017），更有甚者，在面临自然风险、契约风险与市场风险叠加下，规模户经营弱质性效应凸显，出现种粮大户由于经营亏损而"毁约弃耕"的现象（高强，2017）。这是因为生产的规模化会放大各种风险冲击的绝对损失，规模经营户也将面临普通农户无须面对的新风险点，规模化凸显了产品收获后的晾晒烘干、仓储与销售风险以及规模经营的支持政策风险。事实上，农业规模化经营并非低风险高收益，相反，经营风险多样且很高，至少要明显高于家庭经营的普通农户。更重要的是，针对规模经营的支持政策本身也具有很大的不确定性，因此，那些不善经营、以利润为主要依赖项目支持的经营者，其投资和生产经营必然面对很大的风险（徐志刚等，2017）。

由于规模大的农户对农业机械的依赖较大，进而导致其在粮食品种选择上更倾向于机械化水平高的粮食作物。由于小麦的农业机械化水平要高于玉米，因而经营规模大的农场类农户种植小麦的比重明显较高、种植玉米的比重明显较低（姜长云，2015；赵丹丹和周宏，2018）。

### 2.2.3　有关粮食价格支持政策效果评估的研究

#### 1. 小麦、稻谷最低收购价政策效果评估

小麦、稻谷的最低收购价政策成效显著，但政策效果存在争议。2004年起，国家先后对稻谷和小麦实施粮食最低收购价政策，通过稳定主粮价格形成了正向激励，不仅提高了粮食产量，还增加了农民收入，有力地保障了国家粮食安全（陈晓玲和产颖，2011；袁辉斌和欧阳涛，2011；王士海和李先德，2012；兰录平，2013；张爽，2013）。最低收购价政策对粮食面积增加的政策效应明显增强（李雪等，2019），最低收购价格对作物产量均有正向作用，而且政策实施区的水平更高（赵霞等，2016）。但是，有学者认为小麦最低收购价政策在促进作物面积扩张、单产增加方面确有正向作用，但是效果并不明显，而且随着时间的推移，政策的促进作用正在逐渐弱化（李光泗等，2017）；还有学者认为价格支持政策在扩大作物种植面积上并没有显著效用（钟钰和秦富，2012），这可能是由于最低收购价政策对稻谷价格波动的稳定作用并不显著（王力和孙鲁云，2019）。

最低收购价政策通过价格对农户行为产生影响，且不同规模农户的政策响应存在差异。首先，粮食最低收购价对小麦和中晚籼稻的价格影响相对较大，对粳稻和早籼稻的影响相对较小（朱喜安和李良，2016）；其次，粮食最低收购价在政策执行地区和非执行地区均能产生明显影响（钱加荣和赵芝俊，2019）；再次，上期粮食价格对本期种植面积的影响显著，粮食最低收购价政策通过增加农户粮食生产收入预期，提高粮农生产积极性，进而积极增加粮食种植规模（刘克春，2010；宋雨河和武拉平，2017）；最后，由于农户规模异质性，最低收购价下降对农户种植决策也存在差异，相对小农户的种植面积显著减少，规模户作出显著响

应（李朝柱等，2019）。

### 2. 玉米"价补分离"政策的缘起、政策效果与新问题

玉米"价补分离"政策是在玉米临储政策难以为继、非改不可的背景下进行的改革。2008 年，在国内外玉米价格剧烈波动的背景下，为解决东北三省一区农民"卖粮难"问题，保障农户种粮收益和积极性，国家在东北三省一区对玉米实施了临储政策。玉米临储政策保障了玉米种植户的收益，为粮食增产、保障国家粮食安全作出了突出贡献，然而，这一政策也引发了一系列新的问题。首先，玉米价格长期高位运行，造成了玉米种植结构性失衡（Chen，2016；樊琦等，2016；Huang et al.，2017；Wang et al.，2022），玉米种植出现阶段性、结构性过剩（祝卫东和刘洋，2017；翁鸣，2017）。其次，国内外玉米价格长期倒挂，玉米产业陷入了生产量、进口量和库存量"三量齐增"的困局（姚志和谢云，2016；郑适，2016；武舜臣，2018）。再次，玉米下游产业承受巨大压力，造成了生猪价格过度上涨、生猪产量增长不足以及玉米深加工企业面临全面亏损等问题（贺伟和朱善利，2011；张俊峰和于冷，2019）。最后，玉米库存积压严重，财政负担较重。玉米临储政策实施后期，收储价格高于市场价格，增产以后玉米进入国家粮库，库存积压严重，2015年收储玉米合计补贴费用的估算值就已经高达 468 亿元（李国祥，2017）。综上，玉米临储政策给玉米市场带来了一系列负面影响和冲击，严重损害了国内玉米产业的竞争力（顾莉丽和郭庆海，2017）。

学者们针对玉米"价补分离"政策效果也开展了一系列研究。国家实施玉米"价补分离"政策时，并未明确披露其目标指向，宫斌斌等（2021）将政策目标归纳为：完善玉米价格形成机制、保障农民基本收益和调整种植结构。当前多数研究围绕上述三个目标展开，当然也有针对全要素生产率、地租和玉米价格变动等方面的研究。

首先，既有研究大多就玉米"价补分离"政策对玉米种植结构调整

的政策效果展开研究。部分学者通过典型案例分析和实证分析的方法研究表明,在玉米"价补分离"政策实施前两年,农户普遍缩减了玉米种植面积(顾莉丽等,2016,2018;阮荣平等,2020a)。政策效果存在规模异质性和区域异质性,在规模异质性方面,绝大多数中小规模农户的反应滞后,并没有及时调整玉米种植行为,而大规模农户对政策调整反应明显(顾莉丽等,2018),但也有研究表明,农户种植面积越大,调整种植结构的意愿越弱(李娟娟和沈淘淘,2018)。此外,农民种植结构调整意愿与行为也存在较大差异。余志刚和张靓(2018)基于黑龙江的农户调研表明,年初具有调整意愿的农户,实际发生调减的比例只有22.68%;在区域异质性方面,缩减玉米种植面积主要是在"镰刀弯"地区(顾莉丽等,2016),而在优势区并不明显,这是因为扩大玉米种植规模仍可获得较高收益(刘慧等,2018b)。还有学者认为,玉米"价补分离"政策能够显著增加玉米种植面积(邹小娇和张郁,2021),或者政策效果存在时间异质性。政策实施第 1 年导致玉米种植面积显著缩减,但到了政策实施第 2 年(2017 年),玉米种植面积明显扩张(阮荣平等,2020b)。而且,随着政策的持续推进,玉米种植面积先是在政策实施第 3 年(2018 年)显著增加,在政策实施第 4 年又出现显著回落(隋丽莉和郭庆海,2018;顾莉丽,2021;许鹤等,2021)。

其次,也有部分学者就玉米"价补分离"政策对农民收入的政策效果进行了研究。玉米"价补分离"政策实施第 1 年,玉米价格几近腰斩,农业经营性收入大幅下降(张磊和李冬艳,2017;李娟娟,2018)。基于收入表象,大多数研究认为,政策降低了农民收入,且不同种植区域、不同类型的玉米种植户收入出现了不同程度的下降(顾莉丽和郭庆海,2017;刘慧等,2018a)。为了更加精准识别玉米"价补分离"政策影响的净效应,还有学者基于东北三省一区和其他玉米主产省(区)数据开展了对照研究,结果发现,政策导致东北三省一区农民收入和经营性收入下降(曾智和何蒲明,2020b;宫炳含等,2021),且政策效应逐渐减弱（隋丽莉，2020）。还有学者认为，政策导致东北三省一区农民收入增长（曾智和何蒲明，2020a），并将政策增收效应原因归纳为增加生产者补贴、促进种植结构调整和拓宽农民增收渠道。在政策作用机制分析上，学者们对政策影响机制的认识也不尽相同，既有研究分别从农民可支配收入（曾智和何蒲明，2020a，2020b）、经营性收入（宫炳含等，2021）和玉米收入（隋丽莉，2020）等影响机制来分析政策效果。

最后，还有学者就玉米"价补分离"政策效果的其他评估展开研究。其一，玉米"价补分离"政策对玉米全要素生产率的政策效果评估。理论上讲，要素市场化配置改革是促进全要素生产率增长的重要"源泉"（朱满德和张琪，2020），既往研究也表明，综合性收入补贴会促进玉米全要素生产率的提高（朱满德等，2015）。既往研究将东北三省一区作为一个整体进行政策效果评估，并采用双重差分模型（DID）来评估政策效应，也验证了玉米"价补分离"政策促进了玉米全要素生产率的提高（朱满德和张琪，2020；叶锋等，2022）。其二，玉米"价补分离"政策对规模经营的政策效果评估。政策实施后玉米价格下降、规模户收益大幅减少甚至亏损，新型农业经营主体适度规模经营动力不足，导致土地规模经营放缓，甚至出现退租现象（张磊和李冬艳，2017；李娟娟等，2018）。阮荣平等（2020b）基于家庭农场数据，研究认为玉米"价补分离"政策导致家庭农场玉米种植面积显著下降，主要是由于经营面积下降引起的。其三，玉米"价补分离"政策对地租影响的政策效果评估。政策通过降低地租提高玉米竞争力，但政策效果持续时间较短，且具有滞后性。玉米临储政策取消显著降低了土地流转租金，而玉米生产者补贴则提高了土地流转租金，但这种影响具有滞后性（蔡颖萍和杜志雄，2020；宫斌斌和郭庆海，2021）。

政策对玉米价格波动的影响存在争议。有研究认为，政策稳定了东北三省一区的玉米价格波动（缪书超等，2019）；也有研究认为，随着玉米价格的持续走低，降低畜牧业成本，进而刺激生产者扩大经营规模，由此增加饲用需求,将导致供需缺口迅速扩大,破坏供给平衡的状态(顾莉丽和郭庆海,2017;彭乙申和易福金,2017)。

此外,部分学者就玉米"价补分离"政策实施过程中的新问题进行了分析。首先,政府为玉米生产者提供补贴,这在理论上有助于提高农业收入(Hou et al.,2009;Yu et al.,2010,2014;Yi et al.,2015)。然而,中国补贴普遍发放给承包户而不是实际种植户(Huang et al.,2011,2013),玉米生产者补贴同样存在"错位"问题(张崇尚等,2017),还存在补贴方案粗放、补贴标准低、效率低下和补贴方式不灵活等诸多问题(姜天龙和郭庆海,2016)。其次,政府调控的影响不断增强,玉米价格加生产者补贴后的新价格成为影响玉米供给的关键因素(隋丽莉和顾莉丽,2020;宫斌斌等,2021)。最后,由于玉米种植面积的持续缩减,玉米由阶段性过剩转入供给不足,在国内消费需求不断增加的情况下,造成供需缺口加大(徐志刚等,2023)。

### 2.2.4 文献述评

综上所述,目前国内外学者围绕粮食支持价格政策改革、不同规模农户行为差异及粮食价格支持政策效果评估等问题已经开展了大量的研究工作。对现有研究文献的系统回顾和梳理发现,玉米"价补分离"政策效果评估研究仍存在一些不足之处。

第一,农户群体日益分化已经成为一个共识,但是既有研究鲜少从农户规模分化视角对政策响应差异进行深入研究。规模户与普通户不仅仅是经营农地规模上的差异,在当前中国土地制度和技术水平下,规模户与小农户之间的农业生产行为也存在显著差异。农户是政策实施效果的微观主体,如果忽视规模异质性农户的农业生产行为及其对价格支持政策反应的差异,可能导致错误估计政策效果。因此,十分有必要从规模分化视角,对不同规模农户的适应性行为进行系统性梳理和深度探究,厘清政策对不同规模农户的实际影响。

第二，对政策作用机制缺乏深入研究，难以识别市场机制是否有效发挥作用。玉米"价补分离"政策不仅要调整优化玉米种植结构，更重要的是，要充分发挥市场机制作用，理顺政府与市场的关系。现有文献主要从玉米种植面积或种植结构变化视角来分析政策效果，鲜有文献研究市场机制是否发挥作用。因此，有必要从市场调节和政府调控作用层面丰富和拓展政策评估相关研究，进一步探究政策主导机制变化逻辑及深层次原因。

第三，既有研究未能全面揭示政策的影响渠道，难以充分揭示政策的增收效果。政策对农民收入的影响存在多条作用途径，且不同途径的作用方向可能相反，倘若不进行区分而只观测增收的平均效应，会得到不够全面和准确的政策效果评估。其一，对转移性收入的影响作用重视程度不够。政策的重大变化在于，除了对托市收购进行调整之外，还建立了生产者补贴制度来弥补玉米价格下降造成的损失，如果再忽视其作用，就会出现收入效应测度遗漏问题，毕竟转移性收入也是农业政策影响农民收入的重要路径（程名望，2015）。其二，对工资性收入的潜在变化认识不够深刻。经济发展水平和非农产业对工资性收入有显著影响（徐增海，2011；曹飞，2016），政策还可能通过影响第一产业和农副产品加工业等产业，影响东北三省一区经济发展和非农就业机会，进而引起工资性收入下降。然而，尚未有学者就政策对东北三省一区工资性收入的影响进行探究。其三，对政策效应的滞后性与动态效应的估计不够充分。由于东北三省一区租金调整具有滞后性（蔡颖萍和杜志雄，2020），且粮食价格波动程度大于其他省份，简单判断政策短期效应，而忽视了农地租金和其他粮食价格变动带来的政策长期效应，会对一定时期后政策效应的拐点出现误判。

第四，由于省际差异的存在，将东北三省一区作为一个整体加以研究，难以准确揭示各省（区）的政策效果和作用。玉米种植结构调整在东北三省一区是分区域进行的，玉米结构调整主要集中在"镰刀弯"地区。由于东北各省（区）自身的资源禀赋和自然差异，"镰刀弯"地区占比也不尽相同，玉米种植结构调整的幅度也存在差异，这就导致各省（区）的全要素生产率变化可能存在差异。基于东北三省一区的整体效果评估，难以全面揭示各省（区）的全要素生产率变化差异及其原因。

第五，由于对玉米"价补分离"政策与土地规模经营稳定性之间的关系检视不足，缺乏对政策效果和作用机制的全面考察。学者们大多关注玉米"价补分离"政策目标的实现情况，如调整种植结构、稳定玉米价格波动和降低土地租金等，而忽视了玉米"价补分离"政策对其他农业政策目标的冲击。

有鉴于此，本书拟基于经济学相关原理，借鉴国内外相关研究理论和成果，从调整玉米种植面积、发挥市场机制作用、保障农民收入、提高玉米全要素生产率和保障土地规模经营稳定性方面构建政策效果评估基本分析框架，基于玉米"价补分离"政策情景下农户的种植决策行为框架，从研究对象的差异性上，拓展不同政策效果的作用范围和时间维度，较为全面地评估玉米"价补分离"政策效果，并为今后如何深化粮食价格支持政策市场化改革，同时兼顾发展适度规模经营提供有价值的理论参考与对策建议。

## ▶ 2.3　分析框架

玉米"价补分离"政策是本书进行政策效果评估的逻辑起点。那么，就玉米"价补分离"政策而言，对玉米"价补分离"政策进行政策评估研究的内涵是什么？都有哪些内容和方式？本章在梳理政策评估理论发展现状的基础上，构建玉米"价补分离"政策评估的基本框架，回答上述问题，为本书的研究提供理论支撑。

### 2.3.1　玉米"价补分离"政策评估的思路

本书借鉴政策效果评估的基本思路，明确了玉米"价补分离"政策效果评估的分析思路，重点考察以下几方面问题：一是玉米"价补分离"政策的实际效果是否实现了政策预期目标；二是在预期效果之外，是否对其他农业政策效果有潜在的影响，存在非目标领域的效果；三是基于研究对象的差异，即农户规模异质性和省际差异，对不同政策效果作用范围和影响程度进行进一步计算；四是进一步评估玉米"价补分离"政策效果的基本性质和表现形式，即确定目标领域效果是长期效果还是短期效果；五是因果关系的判断，借助双向固定效应模型、双重差分模型和合成控制法等政策评估领域较为成熟的量化分析方法，对政策效果进行有效测量，还能直观分析政策的实际功能和影响偏差。

### 2.3.2　玉米"价补分离"政策评估的基本框架

基于前文分析思路，在明确政策目标的基础上，构建了玉米"价补分离"政策效果评估的分析框架。首先，本书综合了政府出台的政策文件和既有文献，明确了该政策的目标；其次，根据玉米"价补分离"政策的政策措施及其潜在的影响，凝练了政策在非目标领域的效果；最后，在构建政策效果评估基本框架的基础上，进一步从研究对象的差异性上，进一步拓展不同政策效果的作用范围和时间维度，进一步丰富政策效果评估基本框架。

#### 1. 玉米"价补分离"政策的基本政策目标

玉米"价补分离"政策的主要目标是解决玉米产业阶段性、结构性过剩问题。表面上，缩减玉米种植面积、调减玉米种植结构是玉米"价补分离"政策的核心目标；本质上，玉米产业的问题是政府"托市"导致玉米供给侧结构性失衡，玉米产业深层次问题是政府对市场的过度干预（黄季焜，2018），理顺政府与市场的关系，更好发挥市场作用，才能从本质上解决玉米结构性失衡。因此，发挥市场机制作用也是玉米"价补分离"政策的基本目标。确保种粮户增收是一个国家粮食政策有效实施的重要前提，玉米"价补分离"政策在推进玉米价格市场化的同时，建立玉米生产者补贴制度来保障农民合理收益。因而，保障农民收入同样是政策的基本目标。此外，国内玉米产业出现生产量、进口量和库存量"三量齐增"困局的深层次原因是中国在玉米国际贸易竞争中处于劣势地位（梅楠和孙良，2014），因此，通过提升玉米全要素生产率来提高国内玉米市场竞争力，自然也是玉米"价补分离"政策的基本目标。

综上，本书认为玉米"价补分离"政策目标至少包括四个：其一，推进玉米生产结构调整优化；其二，理顺政府与市场的关系，充分发挥市场机制的调节作用；其三，保障农民合理收益；其四，提高玉米全要素生产率。基于以上四个政策目标，本书构建了政策目标领域的分析框架。

## 2. 玉米"价补分离"政策的非目标领域效果

玉米"价补分离"政策还可能对其他农业政策目标产生潜在影响。长期以来，稳定的粮食价格是促进适度规模经营发展的重要前提，而粮食价格市场化改革所引起的价格波动可能冲击规模经营的稳定性。在推进粮食价格市场化改革进程中，如果不能保障规模经营群体稳定发展，还会使未来谁来种粮的问题再次凸显。事实上，玉米"价补分离"政策不仅使玉米价格大幅下降且持续低迷，失去"托市"的玉米价格波动也会加大，政策对规模经营群体的冲击不可忽视。可见，政策对非目标领域可能产生负面效果。因此，有必要从规模经营稳定性出发，分析玉米"价补分离"政策在非目标领域的效果，这有助于增强政策效果评估的全面性。

### 3. 玉米"价补分离"政策评估基本框架的进一步拓展

前文基于政策领域目标和非政策领域目标，构建了玉米"价补分离"政策效果评估的基本框架，然而，由于研究对象的差异，有必要区分研究对象的异质性，并扩展政策的时间维度，以期提升政策效果评估的全面性与准确性。就玉米生产规模调整而言，由于规模异质性农户行为的分化，其政策响应行为可能存在差异，有必要基于规模异质性视角考察政策效果。就政府与市场关系而言，农户种植决策不仅要考虑到作物自身价格变化，还要考虑竞争作物价格和生产者补贴，因而需要剥离出代表政府调控的变量，比较政府调控与市场调节的关系。就农民收入而言，玉米"价补分离"政策在减少经营性收入的同时，也增加转移性收入，还可能会影响工资性收入，且不同途径的作用方向可能相反，倘若不进行区分而只观测增收的平均效应，会得到不够全面和准确的政策效果评价。因此，有必要从收入结构视角，全面考察政策的影响渠道和效果。就玉米全要素生产率而言，由于各省（区）"镰刀弯"地区占比不同，种植结构调整的响应程度和玉米生产者补贴标准也有差异，导致整体层面政策效果难以揭示全要素生产率变化的省际差异，有必要考察各省（区）政策效果。就规模经营稳定性而言，由于规模户内部分化，政策对规模经营稳定性的影响同样存在规模异质性，有必要深入分析规模异质性及深层次原因。

综上，本书在构建政策效果评估基本框架的基础上，沿着"政策效果评估—政策目标领域效果/非目标领域效果—政策效果、异质性及机理分析"这一分析框架，拓展政策效果的时间维度，借助量化分析方法，较为系统、全面、准确地评估了政策效果，并探讨了政策效果差异背后的原因。本书分析框架见图2-1。

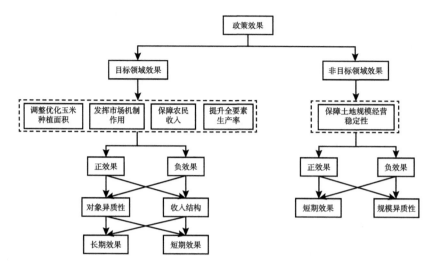

图2-1 本书分析框架

# 第3章
## Chapter 3

# 玉米价格支持政策变迁
# 及效果

本章梳理了改革开放以来粮食价格支持政策的演化过程，并重点梳理了玉米支持政策的演变及效果。由于玉米价格支持政策与整个政策发展历程存在交叉，为了更好地展现粮食价格支持政策的发展脉络，本章一方面从总体上梳理粮食价格支持政策历程；另一方面梳理玉米价格支持政策的内容及变化，并借助描述性数据初步分析政策效果。

## ▶ 3.1 粮食价格支持政策改革历程

改革开放以来，中国粮食支持政策在探索中曲折前进，逐渐探索出了符合市场经济规律、根植于中国国情的粮食价格支持体系，为保障国家粮食安全、稳定主要农产品供给和提高农民收入奠定了坚实的基础。

粮食价格支持政策是一个复杂的政策体系，不仅政策目标具有多重性，而且目标之间存在着错综复杂的相互关系。粮食价格支持政策在遵循农业产出和农民收入这两个农业政策的主要目标外（韩俊和王建祥，

1992），还要兼顾稳定农产品价格、提高农业生产率、稳定消费者的食品支出、增加国家财政收入和促进再工业化进程等目标（卫龙宝，1990），而且，不同时期背景环境的变化对政策目标也有侧重，从而导致中国粮食价格支持政策在不断调整。

关于粮食价格支持政策改革阶段，不同的研究依据不同的目的有不同的划分。本章从粮食价格形成机制视角，对改革开放以来的粮食价格支持政策改革历程进行梳理，按照"政策措施—政策效果—下一阶段政策背景"的框架，审视粮食价格支持政策的演变历程和内在逻辑，总结经验教训，思考成败得失，对完善玉米生产者补贴、推进主粮收储制度和价格形成机制改革具有重要的现实意义。

### 1. 粮食价格"统购统销"松动阶段（1979～1984年）

在改革开放的历史潮流下，粮食"统购统销"政策也开始松动。这一阶段，国家掌握粮食定价权，"统购"外粮食的收购价格，允许按照市场供求状况进行定价。但国家通过提高粮食价格、减少统购的品种和数量、引入多元购销主体等政策措施，提高了粮食价格，极大地刺激了农民生产积极性，粮食产量大幅增加，解决了粮食紧缺问题。但这一阶段在提高粮食收购价格的同时并未改变粮食销售价格，购销亏空加重了政府财政负担。

### 2. 粮食价格"双轨制"阶段（1985～1991年）

中国粮价调控开始迈向市场化，粮食价格"双轨制"确立。这一阶段，定购粮食价格由国家确定，定购以外的粮食可以自由上市，这部分价格由市场供求关系决定。但是，由于1985年粮食减产，导致市场价格高于计划合同价格，政府原有的收购目标难以实现，政府又恢复实行具备强制性的"国家定购"政策。1990年更是将"合同定购"更名为"国家定购"，提升到国家任务的性质，并封锁粮食市场，逐渐回到"统购统销"的政策原点（王双正，2008）。

### 3. 粮食价格市场化改革探索阶段（1992～1993 年）

这一阶段，国家逐渐减少对粮食市场的干预，再次进行粮食市场化探索，粮食价格逐渐由市场供求关系决定。1992 年，国家在粮食定购价格调整基础上，开始实行购销同价。1993 年，由于粮价市场的开放、粮食调控体系不完善等原因，粮食价格持续上涨，并引发了 1994 年的通货膨胀。

### 4. 重回粮价"双轨制"阶段（1994～1997 年）

国家再次控制粮食价格，但是定购粮价格已经基于市场价格的比较而形成。这一阶段，国家为了掌握粮源，下达粮食定购任务，国家任务部分由国家定价，任务之外则按照价格随行就市的原则组织收购。此后，逐渐开始实施按保护价收购政策，提高了农民种粮积极性，粮食产量和农民收入都有了较大提升，但是购销价格倒挂，也产生了极大的负面影响，不仅使政府财政负担日益加重，国有粮食收储企业也出现了严重亏损。

### 5. 建立政府调控下市场形成粮食价格的机制（1998～2003 年）

这一阶段，粮食价格仍以"国家干预为主，市场干预为辅"。1998 年开始的新一轮粮改，提出粮食主要由市场形成价格，但实际上，粮食价格市场化进程缓慢。1999 年保护价敞开收购干预了市场均衡价格，扭曲了粮食市场价格。2001 年国家对粮食政策再次进行改革，粮食主销区的粮食价格逐渐由市场供求形成。截至 2003 年 6 月，开放粮食价格的省（区、市）已经达到 16 个（胡小平等，2018）。

### 6. 完善政府调控下市场形成粮食价格的机制（2004～2013 年）

政府全面放开粮食收购和销售市场，但由于政策托市，粮食价格是在政策调控下形成的。2004 年以来，国家先后对稻谷和小麦实行最低收购价格政策，在东北三省一区对大豆和玉米实施临储政策。收储价格逐年攀升，农民生产积极性高涨，实现了粮食增产、农民增收的目标，也维护了国内市场稳定。但是，不断提高的粮食收购价格，给粮食加工业造成了负担，给国有粮食企业带来了风险，财政造成了极大负担，粮食库存压力很大（陈锡文和韩俊，2016）。

**7. 粮食等重要农产品价格形成机制和收储制度的新探索（2014 年至今）**

这一阶段，对三大主粮采取差异化的收储制度，价格形成机制出现差异。2016 年，在东北三省一区实施玉米"价补分离"政策，开启了玉米收储制度市场化改革，玉米价格由市场供求关系形成。针对稻谷和小麦，则继续实施最低收购价格政策，实现了以市场化收购为主。

## ▶ 3.2  玉米价格支持政策演变及效果分析

由于玉米支持价格政策改革与粮食支持政策并不完全重合，本部分着重对玉米"价补分离"政策演变过程进行分析。虽然本书重点评估玉米"价补分离"政策效果，但是玉米临储政策的效果，尤其是玉米的阶段性过剩，是玉米"价补分离"政策实施的重要原因。因此，本书同时分析了玉米临储政策和玉米"价补分离"政策的内涵及效果。

### 3.2.1  玉米临储政策内容

玉米临储政策是为稳定玉米价格而制定的应急性政策。2008 年玉米实现大丰收，大量玉米进入市场降低了粮食价格，再加上 2008 年全球金融危机的冲击，国际粮价大幅下降。东北三省一区出现了农民"卖粮难"的现象，为解决该地区农民"卖粮难"问题、保护农民的利益和提高种植玉米的积极性，国家在东北三省一区实施玉米临储政策：当玉米市场价格下跌较多、低于最低收购价时，国家指定企业（中储粮公司）按照最低收购价格入市收购。

临储价格是玉米临储政策的核心内容，2008 以来玉米临储价格逐年攀升。如表 3 - 1 所示，2008 年玉米临储平均收购价格（国标三等，下同）为 1. 505 元/千克，其中，黑龙江平均收购价格为 1. 48 元/千克，吉林平均收购价格为 1. 50 元/千克，辽宁和内蒙古平均收购价格均为 1. 52 元/千克。此后，玉米临储价格逐渐提高，到 2014 年，玉米临储平均收购价格达到 2. 245 元/千克，玉米临储收购总量为 8 329 万吨，虽然 2015 年下调到 2. 00 元/千克，但仍然高于市场价。

表 3 - 1　　　　2008 ~ 2015 年东北三省一区国家玉米临时收储价格　单位：元/千克

| 年份 | 玉米国标三等质量价格 | | | |
| --- | --- | --- | --- | --- |
| | 内蒙古 | 辽宁 | 吉林 | 黑龙江 |
| 2008 | 1. 52 | 1. 52 | 1. 50 | 1. 48 |
| 2009 | 1. 52 | 1. 52 | 1. 50 | 1. 48 |
| 2010 | 1. 82 | 1. 82 | 1. 80 | 1. 78 |
| 2011 | 2. 00 | 2. 00 | 1. 98 | 1. 96 |
| 2012 | 2. 14 | 2. 14 | 2. 12 | 2. 10 |
| 2013 | 2. 26 | 2. 26 | 2. 24 | 2. 22 |
| 2014 | 2. 26 | 2. 26 | 2. 24 | 2. 22 |
| 2015 | 2. 00 | 2. 00 | 2. 00 | 2. 00 |

资料来源：顾莉丽，郭庆海. 玉米收储政策改革及其效应分析 [J]. 农业经济问题，2017，38（7）：72-79.

## 3.2.2　玉米临储政策效果的描述性分析

玉米临储政策有效解决了东北三省一区农民卖粮难问题，有效促进了玉米的种植生产，保护了种植户利益（姚志和谢云，2016；张莹莹，

2016)，但也引发了一系列的新问题。从图 3-1 和表 3-2 可以看出，第一，玉米供给出现了阶段性过剩。2008~2015 年，东北三省一区的玉米种植面积快速增加，从 2008 年的 16 807.49 万亩增长到 2015 年的 27 709.41 万亩，增加了 10 901.92 万亩；东北三省一区的玉米产量也从 2008 年的 6 727.42 万吨增长到 2015 年的 11 768.31 万吨，增加了 5 040.89 万吨。第二，玉米临储价格倒挂现象严重，进口量增加。玉米临储价格高于国际市场价格，导致了"国货入库，洋货入市"的现象。2015 年，玉米收储量已经高达 10 743 万吨，但与此同时，当年全国还进口了 470 万吨玉米。

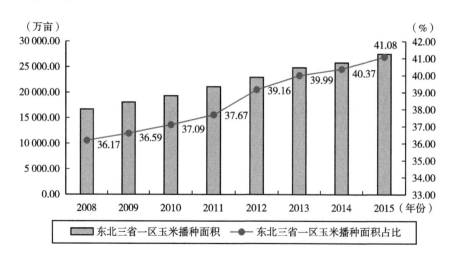

图 3-1  2008~2015 年东北三省一区玉米种植结构变化

表 3-2  2008~2015 年玉米产量、收储量和进口量  单位：万吨

| 年份 | 全国玉米产量 | 东北三省一区玉米产量 | 玉米收储量 | 玉米进口量 |
|---|---|---|---|---|
| 2008 | 17 211.95 | 6 727.42 | 1 320 | * |
| 2009 | 17 325.86 | 6 331.16 | 2 748 | 129.6 |
| 2010 | 19 075.18 | 7 403.89 | 3 006 | 97.9 |
| 2011 | 21 131.60 | 8 690.55 | * | 523.1 |
| 2012 | 22 955.90 | 9 630.45 | 3 083 | 200.0 |
| 2013 | 24 845.32 | 10 925.47 | 6 919 | 326.6 |

| 年份 | 全国玉米产量 | 东北三省一区玉米产量 | 玉米收储量 | 玉米进口量 |
|------|------------|-----------------|----------|----------|
| 2014 | 24 976.44 | 10 822.37 | 8 329 | 262.9 |
| 2015 | 26 499.22 | 11 768.31 | 10 743 | 470.0 |

资料来源：全国和东北三省一区的数据来自国家统计局官网；玉米收储量数据来自姚志和谢云（2016）的研究，玉米进口量数据来自顾莉丽和郭庆海（2017）的研究，＊表示数据尚不明。

### 3.2.3　玉米"价补分离"政策体系解析

#### 1. 玉米"价补分离"政策体系

针对玉米临储制度实施以来所引发的一系列新问题，2016 年在东北三省一区开始实施玉米"价补分离"政策。2016 年 5 ~ 11 月，财政部和东北三省一区政府分别印发了玉米"价补分离"政策实施方案，政策体系初步建立。财政部印发了《关于建立玉米生产者补贴制度的实施意见》（以下简称《意见》），明确指出：补贴资金由中央财政拨付至东北三省一区的省级财政，并由省（区）自主安排，且东北三省一区的补贴水平保持一致。中央财政对东北三省一区的补助额度根据当年亩均补贴水平与基期各省（区）玉米种植面积测算确定，基期为 2014 年，2016 ~ 2018 年三年保持不变。根据《意见》提出的"允许调剂不超过 10% 的资金用于种植结构调整"，东北三省一区结合实际，制定了本地区的生产者补贴实施方案。在补贴额度调剂上，黑龙江省预留了补贴额度的 10% 用于种植结构调整，吉林省在市级财政上允许各市调剂不超过 10% 的资金用于种植结构调整，辽宁省的补贴额度在省级财政和市级财政各预留 5% 种植补贴资金，内蒙古自治区则是将中央财政补贴资金全部用于玉米生产者的补贴。在各市补贴金额确定上，各省（区）也进行了相应调整，其中吉林省和内蒙古自治区各市（盟）的补贴额度按照玉米种植面积和产量各占 50% 权重测算确定，辽宁省各市的补贴额度则是按照 2014 年玉米种植面积 60%和 2012 ~ 2014 年玉米平均产量 40% 的权重进行测算确定，黑龙江省并未确定市级行政单位的补贴额度,这就导致各省(区)补贴标准存在明显差异。在补贴依据和补贴对象上,东北三省一区都以玉米合法实际种植面积①为补贴依据,以玉米合法实际种植面积的实际种植者为补贴对象。在补贴标准上,各省(区)结合补贴总额和补贴依据确定补贴标准,黑龙江省建立了全省统一的玉米生产者补贴标准,而吉林省、辽宁省和内蒙古自治区则是建立了县级行政单位统一的玉米生产者补贴标准。在发放方式上,各省(区)均通过"一折(卡)通"等形式或利用现有农业补贴资金发放渠道进行发放。具体各省(区)的政策体系见图3-2。

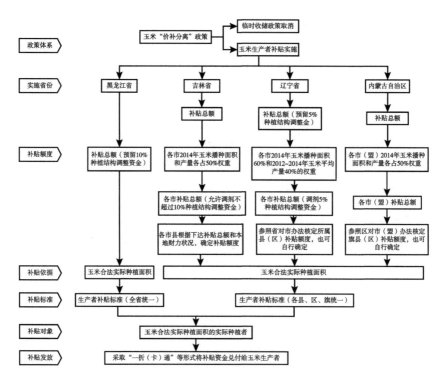

**图3-2 玉米"价补分离"政策体系**
资料来源:根据东北三省一区及其各市、县公布的玉米生产者补贴方案整理而得。

①　借鉴黑龙江省的表述,本书中玉米合法实际种植面积是指在拥有与村集体、乡级以上政府或有关单位(林业局、地方农牧场等)签订的土地承包、承租或开发使用合同,且用途为非林地、非草原、非湿地的耕地上实际种植玉米的面积。

### 2. 玉米生产者补贴标准

玉米亩均生产补贴标准是根据东北三省一区玉米市场价格下降幅度和基期单产得到的，并根据基期玉米种植面积得到各省补贴总额。2016～2022 年东北三省一区玉米生产者补贴标准见表 3－3。

表 3－3　　　**2016～2022 年东北三省一区玉米生产者补贴标准**　　　单位：元/亩

| 年份 | 内蒙古 | 辽宁 | 吉林 | 黑龙江 |
| --- | --- | --- | --- | --- |
| 2016 | 184.00 | 150.00 | 187.00 | 153.92 |
| 2017 | 130.00 | 127.00 | 160.00 | 133.46 |
| 2018 | 100.00 | 93.00 | 105.00 | 25.00 |
| 2019 | 100.00 | 78.00 | 51.00 | 30.00 |
| 2020 | 132.00 | 66.00 | 98.00 | 38.00 |
| 2021 | 95.00 | 70.00 | 100.00 | 68.00 |
| 2022 | 91.50 | 78.35 | 78.50 | 28.00 |

资料来源：东北三省一区 2017～2020 年玉米生产者补贴标准参考了王新刚和司伟（2021）的研究；2016 年、2021 年和 2022 年的玉米生产者补贴除黑龙江省是全省统一标准外，其他三省（区）数据由笔者搜集相关报道，根据各省（区）2～5 个县（旗）的平均值计算得到。

## 3.2.4　玉米"价补分离"政策效果的描述性分析

基于玉米"价补分离"政策效果评估的分析框架，选取相关变量定性分析政策效果。具体地，本书选取政策实施前后的玉米种植面积及结构的变化趋势来分析政策的玉米种植面积调整变化效果；选取政策实施前后的玉米价格和完税价格变化趋势来分析政策市场机制的变化效果；选取政策实施前后农民经营性收入和转移性收入变化趋势来分析农民收入的变化效果；选取政策实施前后玉米全要素生产率变化趋势来分析政策对玉米全要素生产率的促进作用；选取政策实施前后玉米亩均现金收益变化趋势来分析规模经营稳定性的变化，这是因为如果玉米亩均现金收益大幅下降，那么转入土地的规模经营也必然会受到影响。综上，通过比较上述变量在政策实施前后东北三省一区与非东北三省一区的变化趋势，初步分析玉米"价补分离"政策效果。本部分中，非东北三省一区包括河北、山西、江苏、安徽、山东、河南、湖北、广西、重庆、四川、贵州、云南、陕西、甘肃、宁夏和新疆16个玉米主产省（区）。

### 1. 玉米"价补分离"政策实施前后玉米种植面积变化

玉米"价补分离"政策实施以来，虽然东北三省一区玉米种植面积显著减少，但政策缩减效果存在波动（见图3-3）。玉米"价补分离"政策实施的前两年，东北三省一区玉米种植面积出现大幅缩减，2016年和2017年分别较上年减少了1 603.82万亩和1 452.89万亩，东北三省一区玉米种植面积的占比也从政策实施前一年的41.08%下降到2017年的38.76%，可见，前两年政策缩减效果明显。在政策实施第3年（2018年），东北三省一区玉米种植面积出现反弹，较上年增加了853.91万亩。政策实施第4年和第5年（2019～2020年），东北三省一区玉米种植面积再次缩减，2019年和2020年分别较上年减少了688.31万亩和381.63万亩。政策实施第6年（2021年），东北三省一区玉米种植面积再次反弹，

图3-3 2014～2022年东北三省一区玉米种植面积变化

资料来源：国家统计局官网。

较上年增加 2 344.71 万亩。政策实施第 7 年（2021 年），东北三省一区玉米种植面积再次下降，较上年减少了 693.17 万亩。就东北三省一区玉米种植面积占比而言，尽管玉米种植面积有所波动，但东北三省一区玉米种植面积占全国的比重一直保持在 40% 左右。可见，东北三省一区不仅是中国重要的玉米主要产区，更是玉米稳产保供的"压舱石"。

### 2. 玉米"价补分离"政策实施前后玉米价格变化

玉米"价补分离"政策的主要措施之一是市场化收购，玉米价格将由市场供求关系决定，从而完善玉米价格形成机制，并改善国内外"玉米价格倒挂"问题。玉米价格和进口价格均采用农业种植业产品生产价格指数（基期＝2010 年）进行平减（见图 3－4）。首先，从东北三省一区玉米自身价格变动来看，东北三省一区玉米价格在大幅下降后，增幅滞缓，玉米价格连续 4 年低迷，直到政策实施第 5 年（2020 年）玉米价格才大幅提高。具体地，政策实施第 1 年，长期以来积累的供大于求的矛盾集中爆发，东北三省一区玉米售价下跌的幅度更大，2016 年玉米售价下降至 1.20 元/千克，较 2015 年的 1.65 元/千克跌幅达到了 27.27%。此后 3 年（2017～2019 年），玉米价格长期低迷。玉米价格从 2017 年的 1.36 元/千克增长到 2019 年的 1.47 元/千克，但仍然低于政策实施前的玉米售价。政策实施第 5 年（2020 年），玉米价格大幅上涨，达到 1.75 元/千克，较 2019 年增长了 19.05%。政策实施第 6 年和第 7 年（2021～2022 年），玉米售价小幅上升。其次，从东北三省一区与非东北三省一区的比较来看，东北三省一区玉米价格的下降幅度要高于非东北三省一区，这表明相对于非东北三省一区，东北三省一区受政策影响更为明显。而且自政策实施以来，非东北三省一区的玉米价格都要高于东北三省一区。最后，从玉米价格和中国进口完税价格的比较来看，政策实施前 4 年（2016～2019 年），东北三省一区玉米价格始终低于玉米完税到岸价格，这意味着东北三省一区玉米价格倒挂的现象已经不复存在，政策缩小玉米国内外价差，提高了东北三省一区玉米的市场竞争力。但是，政策效果可持续性较差，到政策实施第 5 年（2020 年），随着 2020 年国内玉米价格大幅上涨，东北三省一区玉米售价高于玉米进口完税价格 0.26 元/千克，国内玉米市场竞争力开始下降。2021 年政策效果开始反弹，东北三省一区玉米售价低于玉米进口完税价格 0.04 元/千克。2022 年，随着俄乌冲突爆发，玉米完税到岸价格大幅上涨，已经高于国内玉米售价。

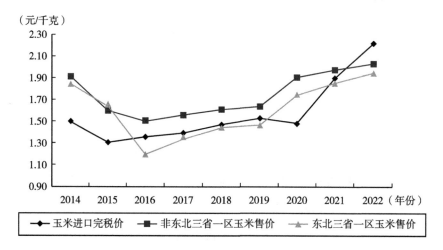

**图 3-4　2014~2022 年东北三省一区和非东北三省一区玉米价格**

资料来源：布瑞克数据库和《中国农产品成本收益资料汇编》（2015~2023 年）。

### 3. 玉米"价补分离"政策实施前后农民经营性收入变化

玉米"价补分离"政策导致玉米价格下降，从而对农民经营性收入产生负向影响。为消除价格因素的影响，经营性净收入用基期居民消费价格指数（基期＝2010 年）平减得到实际值（见图 3-5）。总体来看，东北三省一区农民经营性收入短期出现下降，随着玉米价格的回升，农民经营性收入也逐渐恢复。具体地，由于 2016 年玉米价格下降幅度大，东北三省一区农民经营性收入增速也降到了－4.92%，政策的负向影响持续到 2017 年，2017 年东北三省一区农民经营性收入增速只有 0.41%，远低于当年非东北三省一区 5.40% 的增速。2018~2022 年，农民经营性收入增速开始上升，并超过非东北三省一区的平均水平。

**图 3 - 5　2014 ~ 2022 年东北三省一区和非东北三省一区农民经营性收入**
资料来源：《中国农村统计年鉴》（2015 ~ 2023 年）。

### 4. 玉米"价补分离"政策实施前后农民转移性收入变化

玉米"价补分离"政策新增了玉米生产者补贴，从而提高了东北三省一区农民转移性收入。为消除价格因素的影响，农民转移性收入用基期居民消费价格指数（基期 = 2010 年）平减得到实际值（见图 3 - 6）。

**图 3 - 6　2014 ~ 2022 年东北三省一区和非东北三省一区农民转移性收入**
资料来源：《中国农村统计年鉴》（2015 ~ 2023 年）。

总体来看，东北三省一区农民转移性收入明显增加，但增加幅度逐渐下降。具体地，由于东北三省一区新增了玉米生产者补贴，导致 2016 年该地区农民转移性收入明显提高，与非东北三省一区农民转移性收入的差异明显缩小，甚至在 2017 年超过了非东北三省一区农民转移性收入。但是，2018 年以来，东北三省一区农民转移性收入增幅开始缩减，与非东北三省一区的差异也逐渐扩大。

### 5. 玉米"价补分离"政策实施前后玉米全要素生产率变化

玉米"价补分离"政策实施以后，东北三省一区玉米全要素生产率[①]波动上升（见图 3 - 7）。具体地，2016 ~ 2017 年，东北三省一区的玉米全要素生产率小幅提高，2018 年玉米全要素生产率出现小幅下降，2019 年玉米全要素生产率再次小幅提高，2020 年玉米全要素生产率又小幅下降，2021 年玉米全要素生产率又大幅提升，2022 年玉米全要素生产率再次小幅下降。而与非东北三省一区相比，东北三省一区的玉米全要素生产率增长趋势更为明显。

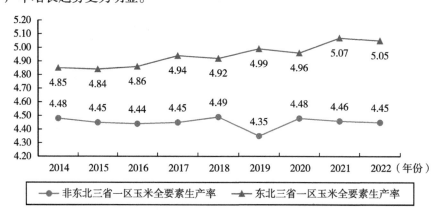

**图 3 - 7 2014 ~ 2022 年东北三省一区和非东北三省一区玉米全要素生产率变化**
资料来源：根据省级层面数据计算得到。

① 本书采用 DEA-Malmquist 指数方法测算了 20 个玉米主产省份的玉米全要素生产率，将其转化为 2009 年为 100 的 TFP 累计增长指数，并对其取自然对数。具体测算方法见第 7 章。

## 6. 玉米"价补分离"政策实施前后玉米现金收益变化

本章从现金收益角度分析政策对规模经营的潜在影响。东北三省一区土地流转比重高，土地规模经营农户比重大（何秀丽和刘文新，2019），种植收益较高是东北三省一区规模经营发展的重要前提条件。玉米"价补分离"政策实施以来，玉米亩均现金收益大幅下降，与非东北三省一区的差异逐渐缩小（见图3-8）。具体地，2016年，东北三省一区玉米亩均现金收益较上年下降了239.6元，与此同时，非东北三省一区玉米亩均现金收益较上年仅下降了84.0元。可见，政策实施以后，东北三省一区规模户收益大幅下降，而通过转入土地从事规模经营的农户收益下降更为明显，有可能对东北三省一区规模经营的稳定性造成冲击。2017年以后，随着玉米价格回升，东北三省一区的亩均玉米现金收益逐年增加，与非东北三省一区的差距也逐渐缩小。

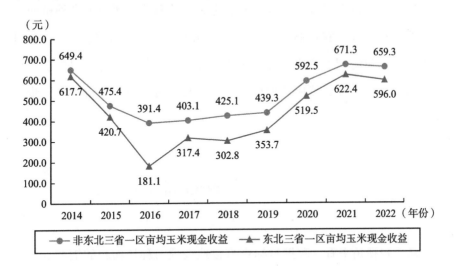

图3-8　2014～2022年东北三省一区和非东北三省一区玉米亩均现金收益变化
资料来源：《全国农产品成本收益资料汇编》（2015～2023年）。

# 第4章

Chapter 4

# 玉米"价补分离"政策的
# 玉米种植面积调整效应

玉米"价补分离"政策的主要目标是通过发挥价格对生产的调节引导作用，促进玉米种植结构调整。那么，政策能否实现玉米种植面积缩减？本章将基于农户微观层面数据，分析玉米"价补分离"政策对玉米种植面积的调整效应，并基于规模异质性视角，探讨不同规模农户对政策的响应差异，然后从种植结构调整与经营规模变化角度进一步探讨政策效果。

## ▶ 4.1 问题的引出

从农户视角来看，政策目标更直接地表现为种植面积的缩减。尽管从理论上来看，随着玉米价格的持续走低，农户为追求家庭收益最大化的目标，理应会减少玉米种植面积，扩大其他粮食种植面积，以减轻玉米价格下降的冲击。但是，自2013年以来，在国家大力推进适度规模经营发展的背景下，农户规模分化日益加深，规模异质性农户不仅在农业生产行为上出现明显差异, 其政策响应也不尽相同。

作为农业生产经营的主体, 农户的政策响应是引发玉米种植结构调整的微观基础, 也是评估玉米 "价补分离" 政策成效的关键。玉米 "价补分离" 政策无论是通过市场价格引导农户调整优化种植结构, 还是通过发放玉米生产者补贴, 最终都要通过影响农户行为来实现政策目标。因此, 农户的政策响应是评估玉米 "价补分离" 政策效果的关键。然而, 经过土地长期流转, 农户在土地规模上分化明显, 导致其在农业生产行为和政策响应上存在明显差异。显然, 土地规模 50 亩的农户与 1 350 亩的农户①在面对外部政策调整时, 政策响应将出现明显不同。课题组在黑龙江省 2015 年和 2018 年的两轮追踪调研数据表明, 规模农户的主要政策响应行为是缩减玉米种植面积, 而普通农户则是扩大玉米种植面积。

因此, 本章在评估政策整体效果的基础上, 基于规模异质性视角, 比较规模异质性农户的政策响应差异, 并探究背后的深层次原因, 不仅有助于厘清玉米 "价补分离" 政策影响不同规模农户玉米种植的作用机制, 还有助于科学评价玉米 "价补分离" 政策效果。

## ▶ 4.2　玉米 "价补分离" 政策种植调整效应的作用机理与研究假说

在当前的农村土地承包经营制度下, 农户土地经营规模的分化导致规模异质性农户农业生产特征存在差异。其一, 生产成本上, 规模户的生产成本更高。尽管规模户的种子、化肥、农药和机械等物质与服务费用要明显低于普通户, 但是土地成本和雇工费用要高于普通户 (罗丹等,

---

① 50 亩为样本的中位数, 1 350 亩为样本的最大值。

2013），导致规模户的生产成本更高。其二，规模户玉米出售价格低，受到储粮设备的限制，粮食一般在收获之后立即销售，这时候粮食集中上市，粮价一般较低（祝卫东和刘洋，2017；徐建玲等，2018）。其三，规模户受到农业风险的冲击更大。相对于普通户，规模户将家庭劳动力更多投入农业生产领域，农业收入占家庭总收入的比例较高（王建军等，2012），土地经营规模扩大的同时也放大了各种风险冲击的绝对损失（徐志刚等，2017）。上述这些差异，导致规模异质性农户在播种面积调整的生产经营决策上也出现明显的差异，并最终影响农户的政策响应和政策效果。

本章假定农户作为理性经济人，追求有条件的利润最大化。本部分通过构建农户生产决策模型来分析玉米"价补分离"政策下农户的玉米种植面积调整行为及规模异质性，并提出可检验的研究假说。具体来说，玉米"价补分离"政策从以下两个方面影响农户玉米种植面积决策。

一方面，玉米临储政策取消通过降低玉米价格引导农户缩减玉米种植面积。通常来说，玉米价格能够引导农户种植决策，玉米价格下降以后，农户种植玉米的收益下降，农户会选择缩减玉米种植面积。东北三省一区玉米价格下降幅度远大于全国其他地区，导致该地区农户收入缩减更为明显。这是因为东北三省一区作为玉米主产区，玉米供给远大于需求的矛盾尤为严重，数据表明，东北三省一区 2016 年的玉米售价同比下降 27.50%，[①] 远高于全国 6.64% 的降幅，东北三省一区 2016 年的亩均玉米现金收益同比更是下降了 56.94%，远远大于全国 35.92% 的降幅，[②] 加之该地区熟制为一年一熟且为玉米主产区，农户种粮收益受到的政策冲击尤为明显。为了降低种植收益的风险，农户更倾向于缩减

---

　　① 该数据根据《全国农产品成本收益资料汇编》数据整理，采用农产种植业产品生产价格指数（基期＝2010 年）进行平减。

　　② 该数据根据《全国农产品成本收益资料汇编》数据整理，采用农村居民消费价格指数（基期＝2010 年）进行平减。

玉米种植面积。

　　另一方面，玉米生产者补贴通过保障农民收益引导农民稳定甚至扩张玉米种植面积。尽管实施玉米种植补贴的初衷是保障农民种粮合理收益，但是既往研究表明，由于补贴力度低和实际执行中的"错位"问题，难以有效保障农民收入。其一，补贴标准上，2016 年黑龙江省和吉林省的玉米补贴标准在 0.2 ~ 0.3 元/千克（郭天宝等，2017；张磊和李冬艳等，2017；顾莉丽等，2018），而 2016 年东北三省一区玉米销售价格较 2015 年下降了 0.45 元/千克，① 补贴标准仅占玉米价格下降的一半左右。补贴不足以弥补农民种植玉米的损失（郭天宝等，2017）。其二，补贴准确度上，由于土地流转合同大多为口头约定，转入方和转出方并未对此补贴资金做出约定，玉米生产者补贴普遍存在发放"错位"现象（张崇尚等，2017）。

　　此外，不同规模农户对玉米"价补分离"政策的政策响应存在差异。尽管上述分析表明，东北三省一区的农户种植收益下降，且玉米生产者补贴的保障作用有限，导致农户大幅缩减玉米种植面积，但是由于规模异质性，不同规模农户的政策响应也不尽相同。首先，相对于普通户，规模户受玉米价格下降的冲击较大。这是因为规模户的生产总成本偏高，且由于玉米售价偏低，导致规模户受到价格下降的冲击更大。其次，在风险冲击的绝对损失上，规模户的收益损失远大于普通户。规模户将家庭劳动力投入农业部门，农业收入占家庭总收入比重大，加之土地经营规模的扩大，都会放大玉米价格下降带来的冲击（徐志刚等，2017）。最后，相对于普通户，规模户的土地都是流转自其他农户，由于补贴普遍发放"错位"，导致规模户很难获得玉米生产者补贴，种植收益未能得到保障。综上，规模户受到玉米"价补分离"政策的冲击更大，而且继续

---

　　① 该数据根据《全国农产品成本收益资料汇编》数据整理，采用农产种植业产品生产价格指数（基期 = 2008 ~ 2010 年）进行平减。

种植又面临较大的价格不确定性，从而大幅缩减玉米种植面积。

据此，本章提出如下研究假说。

**H4.1**：玉米 "价补分离" 政策导致农户缩减玉米种植面积。

**H4.2**：玉米种植补贴获得对普通农户增加玉米种植面积的作用较大，但对规模户没有影响。

**H4.3**：不同规模农户对玉米 "价补分离" 政策的政策响应存在差异，考虑到补贴获得情况，规模户缩减玉米种植面积的政策响应明显。

## ▶ 4.3 实证模型构建、变量选取与数据说明

### 4.3.1 实证模型构架

本章的主要目标是考察玉米 "价补分离" 政策对不同规模农户玉米种植面积的影响。传统固定效应模型仅考虑个体效应而不考虑不同时期不同地区的残差相关性，导致估计结果有偏。为了消除不随时间而变化的遗漏变量的 "个体效应" 和不随个体异质性变化的 "时间效应"，本章采用双向固定效应方法，同时加入玉米 "价补分离" 政策的固定效应和时间固定效应，以此消除传统模型中的估计偏差问题。本章进行了相关统计检验，结果也支持采用固定效应模型。在混合模型与面板模型的选择中，输出结果表明混合回归可以接受，但面板数据模型效果优于混合模型。而在固定效应模型和随机效应模型选择中，豪斯曼（Hausman）结果在 1% 的水平上显著地拒绝了随机效应模型。因此，本章采用双向固定效应方法对玉米 "价补分离" 政策对于农户玉米种植面积的影响效应进行估计。模型形式如下：

$$Y_{ist} = \alpha + \beta_1 D_{st} + \beta_2 R_{ist} + \varphi X_{ist} + \delta X_{st} + \mu_i + \lambda_t + \varepsilon_{it} \quad (4-1)$$

其中，$Y_{ist}$ 表示 $s$ 省 $t$ 年农户 $i$ 玉米种植面积，$D_{st}$ 表示玉米 "价补分离" 政

策实施地区和时间的交乘项，$R_{ist}$ 表示是否获得玉米生产者补贴，$X_{ist}$ 为家庭 $i$ 在 $t$ 时期的家庭特征变量；$X_{st}$ 为村或省级层面的变量，用于控制区域差异；$\mu$ 为农户家庭固定效应，$\lambda$ 为时间固定效应，$\varepsilon_{it}$ 为随机扰动项。关键参数是 $\beta_1$ 和 $\beta_2$，分别表示玉米 "价补分离" 政策和是否获得玉米生产者补贴对玉米种植面积的影响。

## 4.3.2　变量选取及描述性统计

### 1. 被解释变量

玉米种植面积是本章的被解释变量。如何测度农户玉米种植结构调整情况，有研究使用 "玉米种植面积是否减少" 来表示（祝华军等，2018；李娟娟和沈淘淘，2018），也有研究使用 "玉米种植面积变化" 来表示（张诗靓等，2021：隋丽莉和郭庆海，2018；许鹤等，2019），还有研究使用 "玉米种植面积" 来度量（阮荣平等，2020a）。但考虑到玉米种植面积的变化是农户种植行为最直接的表现形式，本章使用 "当年玉米种植面积" 作为被解释变量。

### 2. 核心解释变量

本章所研究的玉米 "价补分离" 政策包括临储政策取消和生产者补贴实施两项政策措施。但是，由于这两项政策颁布时间有差异，其对农户玉米种植面积的影响也存在差异，因而出现了较为多样的玉米 "价补分离" 政策变量定义。其一，将玉米 "价补分离" 政策作为一个政策整体，采用改革地区与改革时间的交乘项来表示（蔡颖萍和杜志雄，2020；阮荣平等，2020a，2020b），这也是当前学术界定义玉米 "价补分离" 政策的主流形式。其二，两项政策分别表示。许鹤等（2019）使用价补分离政策实施后的玉米价格来表示玉米临储政策取消，使用玉米生产者补贴变动情况来表示生产者补贴实施，张诗靓等（2021）使用农户对玉米生产者补贴标准的满意度来表示生产者补贴实施；李娟娟和沈淘淘（2018）用市场化改革后的价格变化来表示玉米"价补分离"政策，而将玉米生产者补贴视为一种不确定收入，未将其纳入种植决策函数。本章采用政策实施地区和时间的交乘项来表示玉米"价补分离"政策。

### 3. 控制变量

考虑到玉米生产者补贴普遍存在"错位"现象（张崇尚等，2017），本章还设置了生产者补贴获得变量。玉米生产者补贴根据玉米种植面积、承包地和转入地是否获得补贴三个条件进行确定，使用"是否获得玉米种植补贴"变量来表示，获得补贴的农户包括有承包地或转入地获得补贴的东北三省一区玉米种植户，未获得补贴的农户包括东北三省一区没有承包地和转入地未获得补贴的农户、没有种植玉米的农户，以及其他省份的农户。

家庭特征选取了家庭人口规模、家庭老龄化程度、非农劳动力数量、土地租金和农业固定资产5个变量。其中，借鉴马瑞等（2011）的研究，选取家庭人口规模变量，农村人口只要身体健康，即使六七十岁的老年人仍然会从事农业劳作，因而该变量更能反映家庭劳动力特征。家庭老龄化程度也是影响农业种植决策的重要指标，借鉴刘华（2014）的研究，选取家庭老龄化程度变量。非农劳动力数量也常常影响家庭劳动力配置和农业机械化使用情况，进而影响家庭种植决策，借鉴苏卫良等（2014）的研究，选取非农劳动力数量变量。随着土地流转的发展，流转土地现象日益普遍，而土地成本是影响农户种植决策的重要因素，参考李娟娟和沈淘淘（2018）的研究，选取土地租金变量。农业生产性资产能够有效提高技术效率，进而影响家庭种植决策，参考文长存等（2017）的研究，选取农业固定资产变量。

考虑到农户玉米种植面积可能与村级的土地流转和省级层面的种植

禀赋相关，本章还选取村级规模户补贴和土地流转率来反映村庄特征，选取上年玉米种植现金收益变量来反映省级特征。

### 4. 描述性统计

表 4 - 1 给出了主要变量说明及描述性统计。从中可以看到，玉米种植面积出现了扩张的趋势，户均玉米种植面积虽然从 2014 年的 47.62 亩增加到 2017 年的 50.64 亩，但是标准差也从 79.09 迅速增加到 106.85，可见，在调减玉米种植面积的大背景下，仍有部分农户大幅增加玉米种植面积。从玉米生产者补贴实施来看，理论上能保障农民种粮的合理收益。获得玉米生产者补贴的农户占比为 26%，而东北三省一区农户数量占总样本的近 30%，理论上，相当大一部分玉米种植户是能够获得玉米补贴的。

表 4 - 1　　　　　　　　　变量说明及描述性统计

| 变量名 | 变量说明 | 2014 年 | | 2017 年 | |
| --- | --- | --- | --- | --- | --- |
| | | 均值 | 标准差 | 均值 | 标准差 |
| **被解释变量** | | | | | |
| 玉米种植面积 | 单位：亩 | 47.62 | 79.09 | 50.64 | 106.85 |
| **核心自变量** | | | | | |
| 玉米"价补分离"政策 | 政策实施地区和时间的交乘项 | 0 | 0 | 0.295 | 0.456 |
| **控制变量** | | | | | |
| 玉米生产者补贴获得 | 1 = 获得；0 = 未获得 | 0 | 0 | 0.26 | 0.44 |
| 家庭人口规模 | 人 | 4.72 | 1.84 | 4.33 | 1.84 |
| 家庭老龄化程度 | 65 岁及以上人口占家庭人口比例 | 10.40 | 19.48 | 15.02 | 27.64 |
| 非农劳动力数量 | 人 | 1.33 | 1.21 | 1.36 | 1.22 |
| 土地租金 | 单位：元/亩 | 235.33 | 322.83 | 189.30 | 289.63 |
| 农业固定资产 | 取自然对数 | 7.59 | 3.56 | 8.33 | 3.18 |
| 是否有规模户补贴 | 1 = 是；0 = 否 | 0.37 | 0.48 | 0.18 | 0.38 |
| 土地流转率 | 土地流转面积占总面积比例 | 36.71 | 19.50 | 36.36 | 20.03 |
| 上年玉米现金收益 | 元/亩 | 703.01 | 74.87 | 363.93 | 220.31 |

资料来源：调研数据及《全国农产品成本收益资料汇编》。

在家庭特征方面，家庭老龄化程度加深、土地租金明显下降和农业固定资产有所增加。农村人口老龄化程度日益加深，老人农业已经成为农业农村常态，家庭老龄化程度从2014年的10.40%增长到了2017年的15.02%。土地租金随着种植收益的下降也出现了明显的下降趋势，亩均租金从2014年的235.33元下降到了2017年的189.30元。农业机械等农业固定资产小有增加，随着大量农村人口转移到城市、农村人口老龄化以及规模经营主体的发展，相当一部分农户通过购买机械替代人工，导致农业机械等农业固定资产有所增加。

在村级特征方面，规模户补贴的比重明显下降、村级土地租金也明显下降。2013年以来，为促进规模经营发展，各级政府纷纷出台补贴措施，但是2017年补贴金额大幅减少，获得规模户补贴的所在村农户比例从2014年的37%下降到了2017年的18%。

省级特征方面，随着玉米价格大幅下跌，玉米现金收益也近乎腰斩。省级层面的亩均玉米现金收益从2013年的703.01元下降到了2016年的363.93元。

### 4.3.3 数据来源

本章使用农户层面的微观调查数据。为研究粮食规模化生产情况，课题组分别在2015年8月和2018年8月对我国黑龙江、河南和四川三省粮食种植户进行了调研。这三省分别位于北方春播、黄淮海夏播和西南山地玉米区，且这三省2016年玉米种植面积在玉米主产省份中分别排在第1位、第3位和第7位，数据代表性强。本章所涉及的农作物种植面积等农业生产特征、家庭人口信息和村级特征等核心变量中，绝大多数变量为2014~2017年的年度数据。所涉及的玉米种植面积变量是在第二期调查中搜集的。为了减少时间跨度长、记忆不清的影响，该调研还搜集了2014年以来土地经营规模转入与转出的详细变化，在很大程度上保证了回忆数据的准确性，并采用 2014 年的第一期数据加以佐证。同时为了准确分析政策的影响，本章选择两轮都调查到的追踪农户样本，由于近年来规模经营的扩张，农户的玉米种植面积容易出现极端值，可能会严重影响回归结果，本章对 2014 年玉米种植面积 1% 的极端值进行了缩尾处理，最终获得了 692 户农户样本。

本章宏观层面数据来自《全国农产品成本收益资料汇编》。选取黑龙江、河南和四川三省 2013 年及 2016 年玉米现金收益作为省级层面控制变量。

## ▶ 4.4　玉米"价补分离"政策影响农户玉米种植面积的实证分析

### 4.4.1　农户玉米种植面积变化的描述性分析

表 4-2 给出了 2014~2017 年样本地区不同规模农户玉米种植面积的变动情况。其一，在农户玉米种植行为调整方面，东北三省一区与非东北三省一区的异质性农户调整行为存在差异。从东北三省一区来看，规模户缩减与普通户扩张的现象并存。在规模户中，农户最主要的行为是缩减玉米种植面积，共有 49 户缩减，占规模户的 43.75%；与此同时依然有 47 户扩大玉米种植面积，占规模户的 41.96%。在普通户中，农户最主要的行为是扩大玉米种植面积，共有 34 户扩张，占普通户的 38.20%；与此同时，有 28 户缩减玉米种植面积，占普通户的 31.46%。从非东北三省一区来看，规模户与普通户的主要行为都是缩减玉米种植面积。在规模户中，共有 76 户规模户缩减，占规模户的 44.44%；在普通户中，有 140 户普通户缩减，占普通户的 43.75%。其二，在农户玉米

种植面积调整幅度方面，东北三省一区农户玉米种植面积缩减幅度远大于非东北三省一区。在规模户中，东北三省一区户均缩减82.16亩，远高于非东北三省一区30.64亩的缩减幅度，与此同时，非东北三省一区户均玉米扩张面积达到了88.79亩，明显高于东北三省一区57.31亩的扩张幅度。在普通户中，东北三省一区户均缩减与扩张面积远大于非东北三省一区。可见，东北三省一区农户玉米种植结构缩减明显，且不同规模农户的种植行为存在明显差异。当然，描述性分析并不能完全说明玉米"价补分离"政策与东北三省一区农户缩减玉米种植面积的因果关系，还需要借助计量方法进一步实证检验。

表4-2 　　　　2014~2017年不同规模农户玉米种植面积的政策响应行为

| 地区 | 指标 | 规模户 | | | 普通户 | | |
|---|---|---|---|---|---|---|---|
| | | 扩张 | 不变 | 缩减 | 扩张 | 不变 | 缩减 |
| 东北三省<br>一区 | 样本农户数（户） | 47 | 16 | 49 | 34 | 27 | 28 |
| | 占比（％） | 41.96 | 14.29 | 43.75 | 38.20 | 30.34 | 31.46 |
| | 玉米种植面积变化（亩） | 57.31 | — | 82.16 | 55.84 | — | 31.18 |
| 非东北三省<br>一区 | 样本农户数（户） | 54 | 41 | 76 | 66 | 114 | 140 |
| | 占比（％） | 31.58 | 23.98 | 44.44 | 20.63 | 35.63 | 43.75 |
| | 玉米种植面积变动（亩） | 88.79 | — | 30.64 | 9.01 | — | 4.79 |

资料来源：根据调研数据整理。

## 4.4.2 玉米"价补分离"政策影响农户玉米种植面积的基准回归结果

本章进一步使用双向固定效应模型来进行估计。与前文描述性分析相比，双向固定效应可以控制更多的变量，从而进一步提高估计精度。表4-3给出了基于式（4-1）估计出的模型结果。

表4-3 玉米"价补分离"政策对农户玉米种植面积影响的估计结果

| 变量 | 总体 |
|---|---|
| 玉米"价补分离"政策 | -47.063 ** <br> (-2.25) |
| 玉米生产者补贴获得 | 30.661 <br> (1.61) |
| 家庭人口规模 | 2.439 * <br> (1.79) |
| 家庭老龄化程度 | -0.125 <br> (-1.57) |
| 非农劳动力数量 | -3.605 <br> (-1.24) |
| 土地租金 | 0.023 *** <br> (3.13) |
| 农业固定资产 | -0.447 <br> (-0.25) |
| 村级规模补贴 | 10.395 ** <br> (2.09) |
| 村级土地流转率 | -0.207 <br> (-1.36) |
| 上年玉米现金收益 | -0.046 <br> (-1.48) |
| 常数项 | 76.366 *** <br> (2.92) |
| 个体固定效应 | 是 |
| 时间固定效应 | 是 |
| 样本量 | 692 |
| R-squared | 0.030 |
| Rho | 0.703 |

注：括号内数值为T值；***、**和*分别表示在1%、5%和10%的水平上具有统计显著性。

玉米"价补分离"政策导致农户显著缩减玉米种植面积。总体回归估计结果显示，玉米"价补分离"政策对农户玉米种植面积有显著的负向影响，其边际影响为 47.063，且在 5% 的统计水平上显著，表明玉米"价补分离"政策使黑龙江农户玉米种植面积下降了近 47 亩。这说明玉米"价补分离"政策通过使玉米价格大幅下降，引导农户缩减玉米种植面积。这一结果与阮荣平等（2020a）的研究结论相一致。虽然玉米生产者补贴获得的系数为正，但对农户玉米种植面积决策的影响并不显著。可能的原因包括：一是补贴水平低，不足以弥补玉米价格下降带来的损失。以黑龙江省为例，2016 年玉米补贴标准为 153.92 元/亩，以 2014 年农户玉米产量 624.94 千克/亩计算，平均到价格上的补贴为 0.25 元/千克，但 2016 年玉米价格较上年下降了 0.66 元/千克，可见玉米生产者补贴不足以弥补玉米价格下降导致的损失。二是玉米生产者补贴执行过程中普遍存在"错位"问题。从农户补贴获得的程度来看，黑龙江有 160 户农户有转入土地，但是转入地获得补贴的农户仅有 31 户，这意味着仍有 80% 左右的农户虽然转入土地但并不能获得玉米补贴，补贴"错位"现象普遍存在。这一结果与张崇尚等（2017）的研究结论相一致。此外，从两项政策的系数来看，即便考虑到玉米生产者补贴，玉米"价补分离"政策仍然导致玉米种植面积显著缩减。H4.1 得到验证。

其他控制变量方面，家庭人口规模显著影响了农户玉米种植面积，家庭人数越多，农户玉米种植面积越大。这可能是因为家庭人数越多，其劳动力也相对较多，更倾向于扩大土地经营规模，而玉米综合收益依然较高，依然是种植的首选，因此家庭玉米种植面积也会扩大。土地租金显著影响了农户玉米种植面积，租金越高，农户玉米种植面积越大。这可能是因为租金越高，农户主动转入土地扩大土地经营规模的可能性越高，而"零地租"作为农村土地流转中的常见形态，主要流向在家务农的亲友，这部分农户的规模相对较小。村级规模补贴显著影响了农户玉米种植面积，能获得规模补贴的农户，玉米种植面积越大。在当地规模补贴的刺激下，农户扩大土地经营规模的积极性高涨，而综合收益较高的玉米其种植面积也会随之扩大。

### 4.4.3　玉米"价补分离"政策影响农户玉米种植面积的规模异质性回归

在考察玉米"价补分离"政策对农户玉米种植面积影响的基础上，从不同规模农户视角出发，深入分析玉米"价补分离"政策对不同规模农户调整玉米种植面积的影响及差异。

针对 H4.3 的分组检验过程中，普通户和规模户组间的玉米种植面积变化是否存在显著差异是本章的基本判断依据。借鉴连玉君等（2010）做法，为克服 Wald 检验的小样本偏误，本章采用自抽样法（bootstrap）来进一步检验组间差异的显著性。原假设 $H_0$：$d_0 = 0$ 即组间的系数不存在显著差异。检验的统计量采用自抽样法计算出的经验 P 值，表示实际观察到的不同农户组间差异可能出现的概率，它与传统检验中的 P 值具有相同的含义。

从表 4-4 中普通户和规模户的估计结果可看出，玉米"价补分离"政策和玉米生产者补贴获得对不同规模农户的影响存在明显差异。第一，玉米"价补分离"政策对规模户的影响要显著大于普通户。估计结果显示，玉米"价补分离"政策对普通户的边际影响为 -26.832，且在 1% 的统计水平上显著，这表明玉米临储政策取消使黑龙江普通户玉米种植面积下降了近 27 亩；而对规模户的边际影响达到了 -93.396，且在 10% 的统计水平上显著，这表明玉米临储政策取消使黑龙江规模户玉米种植面积下降了近 93 亩。由此可知，规模户缩减的玉米种植面积更大。

表 4-4　　玉米"价补分离"政策对不同规模农户玉米种植
面积影响的估计结果

| 变量 | 普通户 | 规模户 |
|---|---|---|
| 玉米"价补分离"政策 | -26.832 ***<br>（-3.08） | -95.396 *<br>（-1.72） |

续表

| 变量 | 普通户 | 规模户 |
|---|---|---|
| 玉米生产者补贴获得 | 44. 468 *** <br> (4. 04) | 18. 442 <br> (0. 41) |
| 控制变量 | 已控制 | 已控制 |
| 经验 P 值 | 61. 602 * | |
| 样本量 | 409 | 283 |
| $R^2$ | 0. 111 | 0. 070 |
| Rho | 0. 676 | 0. 655 |

注：括号内数值为 T 值；***、** 和 * 分别表示在 1%、5% 和 10% 的水平上具有统计显著性；其他控制变量同表 4 - 3。

经由自抽样法得到的经验 P 值则进一步证实了不同规模户群体在统计上的显著性：经验 P 值为 61. 602，在 10% 水平上显著。H4. 3 得到支持。可能的原因是，规模户农业生产总成本偏高、农业利润偏低，因而玉米价格下降对规模户的冲击更大。这一结果与崔宁波和张正岩等（2017）的研究结论相一致。

第二，在玉米生产者补贴获得的影响方面，玉米生产者补贴获得对普通户的作用显著，但对规模户并无影响。估计结果显示，生产者补贴获得对普通户有显著的正向影响，其边际影响为 44. 468，且在 1% 的统计水平上显著，这表明生产者补贴获得使黑龙江普通户玉米种植面积扩张了近 44 亩，但对规模户并无影响，H4. 2 得到验证。可能的原因是，生产者补贴“错位”，即生产者补贴多发放给土地承包方，导致规模户很难获得补贴，其合理种植收益也难以得到有效保障。

农户的政策响应存在规模异质性，考虑到生产者补贴获得性，规模户玉米种植面积大幅缩减，普通户玉米种植面积不减反增。表 4 - 4 估计结果显示，玉米“价补分离”政策导致规模户玉米种植面积大幅减少，而普通户虽然受到玉米临储政策取消的冲击，但是在玉米生产者补贴的影响下，玉米种植面积出现扩张，H4. 3 再次得到验证。规模户缩减玉米种植面积更明显的原因有二：一是玉米价格下降导致规模户玉米种植收益损失更为严重；二是规模户难以获得玉米生产者补贴，其种粮合理收益难以得到有效保障。

## ▶ 4.5　稳健性检验与进一步讨论

### 4.5.1　稳健性检验

玉米"价补分离"政策具有较强的外生性。主要体现在玉米"价补分离"政策实施时间和地点是国家政策决定的，外生于家庭农场的各项特征。为进一步进行稳健性检验，本章作如下处理：一是排除间接影响，二是调整对照样本。

第一，排除间接影响。玉米"价补分离"政策还可能通过村级土地租金间接影响玉米种植决策，通过加入与玉米"价补分离"政策有关、同时又影响玉米种植决策的村级土地租金，减少了潜在内生性。表 4-5 的回归结果证实：即使排除了上述间接渠道，玉米临储政策取消的效应仍然存在。

第二，调整对照样本。影响双向固定效应模型估计结果的一个潜在因素是对照组的选择。为了检验这一做法的稳定性，本章从种植行为相似角度来选择对照组，选择 2014 年玉米种植面积与黑龙江相近的河南。表 4-5 的估计结果显示，基础估计结果的研究结论未发生变化。

表 4-5　　　　　　　　　　稳健性检验结果

| 变量 | 排除间接影响 | 对照组选择 |
| --- | --- | --- |
| 玉米"价补分离"政策 | -47.272 **<br>(-2.26) | -43.178 **<br>(-2.17) |
| 玉米生产者补贴获得 | 31.150<br>(1.64) | 27.971<br>(1.41) |

续表

| 变量 | 排除间接影响 | 对照组选择 |
| --- | --- | --- |
| 村级土地租金 | - 1. 176 | |
| 控制变量 | 已控制 | 已控制 |
| 观测值 | 692 | 435 |
| $R^2$ | 0.029 | 0.039 |
| Rho | 0.707 | 0.68 |

注：括号内数值为 T 值，***、**和*分别表示在 1%、5%和 10%的水平上具有统计显著性；其他控制变量同表 4-3。

## 4.5.2 调整结构和调整经营规模的进一步讨论

玉米种植面积缩减可能来自两个结果：一是农户种植结构调整，即农户减少或不再种植玉米，扩种或改种其他作物品种；二是农户减少土地经营规模。前文对玉米种植面积减少的机制进行了初步分析，为了进一步分析农户调整玉米种植面积的原因，对以上两种可能的影响进行验证。种植结构调整上，主要分析玉米同年竞争作物种植面积的变化，这是因为如果调减玉米种植面积，那么在土地经营规模不变的情况下，同年竞争作物的种植面积也会相应增加。在黑龙江、河南和四川三省，虽然玉米的同季竞争作物包括水稻、大豆、薯类等，但是考虑到水田和旱田的差异以及不同作物机械化水平的差异，选取与玉米种植条件更为接近的大豆作为玉米的竞争作物。土地经营规模调整上，选择 2014 年和 2017 年家庭土地经营规模的变化，进一步分析土地面积调整对玉米种植面积的影响，并采用式（4-1）对上述处理方式进行验证。

表 4-6 的估计结果表明，玉米"价补分离"政策实施以后，减少土地经营规模是农户的主要调整行为不仅体现在土地经营规模大幅缩减上，就连大豆种植面积也小幅缩减。可见，农户缩减玉米种植面积主要是通过减少土地经营规模来实现的，而非增加玉米种植面积。主要原因有如下两个方面。其一，取消玉米临储政策后，农户种植收益受损，尤其规

模户损失严重，无力继续维持规模经营，更倾向于缩减土地经营规模。《全国农产品成本收益资料汇编2017》的数据表明，玉米"价补分离"政策实施的第一年，黑龙江2016年玉米种植净利润为 – 378.56元，比2015年下降了约354元，取消玉米临储政策初期对农户种植收益产生了较大的负面影响。其二，改种大豆的综合收益并不高于种植玉米，而且还会增加机械成本和农业风险。玉米"价补分离"政策实施的第一年，即便玉米价格明显下降，黑龙江的玉米亩均现金收益锐减到了67.29元，但仍然高于同年竞争性作物大豆的33.5元。由于种植经验、农作物机械化等方面原因，调整种植结构的难度较大，风险也较大。

表4-6　　　　玉米"价补分离"政策对大豆种植面积
和土地经营规模影响的估计结果

| 变量 | 总体 | | 普通农户 | | 规模农户 | |
|---|---|---|---|---|---|---|
| | 大豆种植面积 | 土地经营规模 | 大豆种植面积 | 土地经营规模 | 大豆种植面积 | 土地经营规模 |
| 处理组×改革后 | – 6.169 ** <br> ( – 2.10) | – 53.388 ** <br> ( – 2.55) | – 0.201 <br> ( – 0.24) | – 25.153 *** <br> ( – 2.80) | – 17.728 ** <br> ( – 2.11) | – 118.696 ** <br> ( – 2.17) |
| 玉米生产者补贴 | 2.327 <br> (0.68) | 32.773 * <br> (1.65) | 1.697 <br> (1.19) | 49.306 *** <br> (4.29) | 2.646 <br> (0.48) | 13.720 <br> (0.30) |
| 其他控制变量 | 已控制 | 已控制 | 已控制 | 已控制 | 已控制 | 已控制 |
| 样本量 | 692 | 692 | 409 | 409 | 283 | 283 |
| $R^2$ | 0.017 | 0.044 | 0.215 | 0.199 | 0.021 | 0.078 |
| Rho | 0.567 | 0.788 | 0.599 | 0.628 | 0.568 | 0.759 |

注：括号内数值为T值；***、** 和 * 分别表示在1%、5%和10%的水平上具有统计显著性；其他控制变量同表4-3。

在不同规模农户内部，农户对政策的响应仍然存在差异。就普通户而言，尽管玉米"价补分离"政策导致农户土地经营规模显著下降，但与此同时，玉米生产者补贴显著促进了农户土地经营规模的扩张，逆转了玉米"价补分离"政策的负向影响。整体来看，普通户更倾向于扩大土地经营规模,这可能是因为土地对于普通户而言不仅是重要的生产资料,更承担着社会保障等功能,普通户对土地依赖性强,而且随着租金的下降,农户可能会逆势扩大土地经营规模。就规模户而言,玉米"价补分离"政策导致土地经营规模显著下降,且由于玉米生产者补贴执行"错位",进一步加大了玉米"价补分离"政策对规模户的冲击,随着农业收益的下降乃至亏损,规模户更倾向于减少土地经营规模。

可见,玉米"价补分离"政策在取得预期效果的同时,负面效应也开始显现。尽管玉米"价补分离"政策在推进玉米价格市场化改革、缩减玉米种植面积和推进农业供给侧结构性改革等方面取得了预期成效,尽管改变了玉米和大豆的比价,但玉米的综合收益仍高于大豆,这就导致缩减玉米种植面积主要是通过缩减土地经营规模来实现的,不仅不利于新型农业经营主体的稳定发展,也会对土壤肥力保持提升、保障国家粮食安全产生负面影响。本书后续将对此进行深入分析。

## ▶ 4.6  本章小结

玉米"价补分离"政策通过价格引导和补贴支持改变农户生产行为,从而实现缩减玉米种植面积的目标。在此改革进程中,农户作为农业经营主体,其政策响应是引发玉米种植结构调整的微观基础,也是评估玉米"价补分离"政策成效的关键。本章基于黑龙江、河南和四川三省692户农户的追踪调查数据,利用双向固定效应方法考察了不同规模农户对玉米"价补分离"政策的政策响应及其差异。主要结论如下。

第一,玉米"价补分离"政策有助于引导农户显著缩减玉米种植面积。农户微观数据和省级宏观数据都表明,政策显著缩减了玉米种植面积和种植结构,实现了优化调整玉米种植结构、缩减玉米种植面积的政策目标。

第二，农户的政策响应存在规模异质性，规模农户玉米种植面积大幅缩减，普通农户种植面积不减反增。

第三，从调整机制来看，规模农户主要通过缩减土地面积实现玉米种植面积缩减，这对规模经营的稳定发展产生了一定程度的负面影响。

# 第5章
## Chapter 5

# 玉米"价补分离"政策的玉米
# 种植面积调整效应及机制分析

玉米"价补分离"政策是粮食领域市场化改革的先行探索,市场机制是否充分发挥作用,能否理顺政府与市场的关系?上述问题是评估玉米"价补分离"政策效果的核心内容。因此,本章将着重分析玉米"价补分离"政策种植面积调整效应背后的作用机制。

本章基于省级层面数据,分析政策对玉米种植面积的影响及动态变化,并探究市场调节与政府调控的作用机制及其关系,进一步分析当前政策选择的深层次原因。具体地,首先分析政策对玉米种植面积的影响及动态变化,并对研究结论进行稳健性检验和安慰剂检验;其次分析市场机制是否有效发挥作用,通过对政策作用机制的检验,探究政策背后的主导机制及动态变化;最后从政策的目标出发,从政策主导机制的变化出发,进一步讨论政府选择改革举措的深层次原因。

## ▶ 5.1 问题的引出

政府干预被认为是农业供给侧结构性问题产生的根本原因之一,而市场机制则被认为是促进农业生产结构调整和资源配置优化的有效方法和途径（魏后凯，2017；郑风田，2017；黄季焜，2018）。有效市场已是共识，焦点在于如何更好发挥政府作用。一方面，要为有效市场提供底层逻辑的条件和保障，即要赋予微观经济主体行为自主的权利和明晰的产权，并保障市场竞争的公平性；另一方面，着力解决市场失灵和无序问题，而且在解决市场失灵和无序问题时应遵循有效市场的底层逻辑（程必定，2023）。在"政府与市场应该良性互动"这一共识之外，更具有意义的研究问题在于在实际探索中如何处理好政府和市场的关系，如何正确认识发展中国家政府的经济功能，同时又充分发挥市场的作用。处理好这些问题，将在很大程度上决定发展中国家能否构建一个有效的运行机制。党的二十大报告和二十届三中全会明确提出，要充分发挥市场在资源配置中的决定性作用，更好发挥政府作用。在玉米产需结构性矛盾持续突出的背景下，厘清玉米"价补分离"政策对种植面积的影响，并进一步分析政府和市场两种力量对玉米种植面积的影响，对于全面认识市场与政府的互动关系、促进市场调节与政府调控的协调发展、持续优化粮食领域市场化改革，具有极为重要的理论和现实意义。

关于"价补分离"政策与玉米种植面积调整的关系，已有大量深入的研究，但在识别市场机制与政府调控两者的作用方面，仍缺少系统审视和动态剖析。学者们从政策效果、政策影响因素两个层面，就玉米"价补分离"政策的玉米种植面积调整效应开展了较为系统的研究（顾莉丽等，2018；阮荣平等，2020a，2020b；许鹤等，2021；顾莉丽，2021）。从政策作用机制来看，有效市场与有为政府之间的互动出现了新问题。一方面，玉米大豆价格比作为代表市场调节的重要指标，难以持续发挥优化粮食种植结构的作用；另一方面，政府调控的影响不断增强，玉米价格加生产者补贴后的新价格成为影响玉米供给的关键因素（隋丽莉和顾莉丽，2020；宫斌斌等，2021）。但鲜有研究立足于作用机制视角探究玉米种植结构调整背后市场调节与政府调控的互动关系。少有的研究也是基于行政定价的背景下,认为行政定价替代了市场定价是市场机制无法有效发挥对主产区粮食种植行为的调节作用的原因(赵玉和严武,2019),鲜有文献从市场机制视角对政策效果进行评估,尤其缺乏针对市场调节和政府调控互动关系如何影响玉米种植结构的理论和实证探讨,更缺乏对作用机制演变逻辑及其深层次原因的分析。

鉴于此,本章拟借助玉米"价补分离"政策分地区实施所提供的"准自然试验"良机,利用 2008~2022 年 15 个玉米主产省数据,采用双重差分模型,实证检验玉米"价补分离"政策对玉米种植面积的影响及动态效应,并探究市场调节与政府调控作用的动态变化,进而评估市场机制是否充分发挥作用。

## ▶ 5.2 玉米"价补分离"政策影响玉米种植 面积的机制分析与研究假说

玉米和大豆是典型的竞争作物,并且播种期相同,农户会比较玉米和大豆的种植效益,选择比较收益更高的农作物品种。农产品比较收益通常有两个指标。一是玉米大豆预期收益差值,即玉米和大豆亩均现金收益加上生产者补贴的差值。既往研究表明,农作物相对利润的变化会影响粮食种植结构调整(田旭和张淑雯,2017),而在玉米"价补分离"政策下,农作物相对收益不仅包括市场条件下的收益,还应包括政府对大豆和玉米实施的生产者补贴的金额。本部分采用玉米大豆预期收益差来反映政府调控。之所以选择现金收益,是因为该变量符合中国农村留守老人和留守妇女种粮较多的现实情况,不考虑土地成本和雇工费用但扣除物质投入和服务的剩余情况,更能代表农民种粮收益(李国祥,

2021）。二是玉米大豆价格比。农产品之间存在着一种相对平衡的比价关系，反映了两种农产品的理论预期相对收益变化（钱贵霞等，2017），市场机制则是通过市场价格信息调节生产和流通，从而达到以价格信号引导产销和优化资源配置的目的（丁声俊，2016），因此，农产品价格比也常作为市场调节的代表指标。

综上，玉米"价补分离"政策分别通过玉米大豆预期收益差值和玉米大豆价格比，发挥政府调控作用和市场调节作用，并影响农户种植决策。具体来说，政策从以下两个方面影响农户种植决策。

一方面，政府可以通过调整生产者补贴差额来调整玉米大豆预期收益差值，进而影响农户种植决策。农户在进行生产决策时，会选择收益更高的农作物品种。当前，大豆和玉米的预期现金收益都是由现金收益加目标价格补贴或生产者补贴构成的。生产者补贴的主要功能就是保障生产者的收益，但是，2018 年以来中美经贸摩擦加剧，为了增加国内大豆供应，国家开始扩大玉米大豆补贴差额，2018～2020 年玉米大豆生产者补贴差额维持在 200 元/亩左右。随着生产者补贴逆转了市场条件下玉米大豆相对收益，玉米大豆预期收益差值逐渐成为引导农民种植结构调整的主导因素。在生产者补贴之外，为了促进玉米大豆合理轮作，政府还在东北三省一区推行轮作补贴，标准为 150 元/亩，随着轮作范围的逐渐扩大，轮作补贴也开始影响种植结构。

现金收益与生产者补贴之和即为种植玉米或大豆的总收益。随着生产者补贴变化的逐渐变小，当年玉米或大豆的收益已经在较大程度上代表着下一年的预期收益，玉米大豆预期收益差值也能够代表玉米和大豆下一年的收益情况，进而影响农户种植决策。

另一方面，政策通过发挥市场调节作用引导农户玉米种植结构调整。玉米大豆合理价格比通常在 1∶2.50 左右（钱贵霞等，2017），若比价高于 1∶2.50，则农户更倾向于种植玉米。2016 年，玉米"价补分离"政策实施后，玉米价格由市场供求关系决定，而且 2014 年大豆市场化改革以后，大豆价格也由市场供求关系决定。考虑到玉米和大豆种植的可替代性，市场条件下的玉米大豆价格比在较大程度上代表了比较收益，农户会根据玉米大豆价格比来调整玉米和大豆的种植结构以实现收益最大化。但是，由于生产者补贴差额逆转了市场条件下的玉米大豆比较收益，玉米大豆价格比对玉米种植面积的影响逐渐弱化。

综上，玉米"价补分离"政策通过政府调控和市场调节共同影响玉米种植面积。市场调节作为农业供给侧结构性改革的重要抓手，理论上能够引导农户调整粮食种植结构。然而，遗憾的是，市场调节难以持续优化农业种植结构，作为政府调控代表的玉米大豆预期收益差值逐渐成为引导农户调整玉米种植结构的关键指标。影响机制见图 5 - 1。

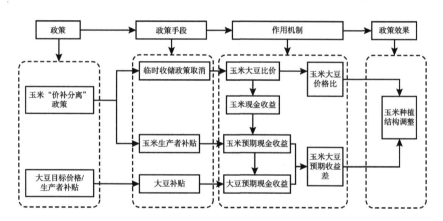

**图 5 - 1 玉米"价补分离"政策影响玉米种植面积调整效应理论机制**

根据上述分析，本章提出如下假说。

**H5.1**：玉米"价补分离"政策导致玉米种植面积显著下降。

**H5.2**：玉米"价补分离"政策对玉米种植面积的政策效果存在时间异质性。

**H5.3**：玉米"价补分离"政策通过生产者补贴差额改变玉米大豆预期收益差，进而影响玉米种植面积。

**H5.4**：玉米"价补分离"政策通过改变玉米大豆价格比，进而影响玉米种植面积。

## ▶ 5.3　实证策略、变量设定与数据来源

### 5.3.1　研究方法

本章采用双重差分模型（DID）来评估玉米"价补分离"政策对玉米种植面积的影响。双重差分模型是评估政策效果的一项成熟而重要的方法，不仅能够有效避免内生性问题，还能在较大程度上识别政策的净效应。双重差分模型设置的具体方法，就是构造受政策影响的"实验组"和其他没有受政策影响的"参照组"，通过控制其他因素，比对政策发生后实验组和参照组之间玉米种植面积的差异，进而准确识别政策效果。

具体地，以政策局部实施的东北三省一区为实验组，以其他玉米主产省为参照组。本章用玉米"价补分离"政策虚拟变量（*Treat*）反映政策实施情况，取值为1代表实施该政策，取值为0代表未实施该政策；用改革时间（*Time*）反映政策实施进程，实施政策当年及以后取值为1，否则为0。为了检验玉米"价补分离"政策效果，本章设立玉米"价补分离"政策实施地区和政策实施时间的交乘项，以衡量玉米"价补分离"政策对玉米种植面积的影响。为了更好地估计政策"净效应"，本章还控制了文献中确立的影响玉米种植面积的玉米生产、经济社会等其他因素。双重差分模型如下：

$$Y_{st} = \beta_0 + \beta_1(Treat_s \times Time_t) + \delta X_{st} + \mu_s + \lambda_t + \varepsilon_{st} \qquad (5-1)$$

其中，$Y_{st}$ 为结果变量，用以表征玉米种植面积，$s$ 和 $t$ 分别代表对应的省份和年份；$X_{st}$ 表示其他可能影响玉米种植面积的控制变量；$\mu_s$ 和 $\lambda_t$ 分别

为模型中控制的个体固定效应与时间固定效应；$\beta_0$ 和 $\varepsilon_{st}$ 分别为截距项和随机误差项。

### 5.3.2  变量定义

#### 1. 被解释变量

本章的被解释变量为玉米种植面积，由于玉米种植面积的差异较大，本章取自然对数。

#### 2. 解释变量

本章解释变量为玉米"价补分离"政策。它包含了玉米临储政策取消和生产者补贴实施两个举措，借鉴学术界主流做法（蔡颖萍和杜志雄，2020；阮荣平等，2020a，2020b），玉米"价补分离"政策为政策实施地区虚拟变量和时间虚拟变量的交乘项。

#### 3. 中介效应变量

大豆和玉米是典型的竞争作物，农户大多会在两种作物之间进行调整。本章以当年玉米大豆收益差值来体现政府调控。政府调控主要表现为扩大玉米大豆补贴差，进而改变玉米大豆比较收益，并最终影响玉米种植面积。农户根据预期收益来安排种植结构，尽管玉米价格和生产者补贴每年都有变化，农户是假定当年预期收益来进行种植结构调整的，那么当年的玉米大豆总收益差在较大程度上代表了农户的预期收益。因此，本章根据当年生产者补贴加现金收益分别得到玉米和大豆的亩均现金收益的差值，以此来表征政府调控效果。市场作用主要表现为通过玉米大豆比价影响种植结构关系，借鉴胡迪等（2019）的做法，本章引入玉米大豆价格比。

#### 4. 控制变量

玉米种植面积与农业生产特征和社会经济等状况相关。由于种植惯性，上年种植情况会影响当年种植决策，此外，竞争作物的销售价格也会影响农户种植决策，本章选择上年玉米种植面积、上年玉米产量和上年大豆价格三个变量来表示玉米生产特征。灌溉条件和农业机械化水平的改善也会影响玉米种植决策，本章选择有效灌溉率和农业机械总动力两个变量。产业结构和农业资源禀赋也会影响玉米种植决策，本章选择产业结构和农作物播种面积两个变量。

为消除价格因素的影响，本章对以货币形式衡量的变量均采用相应价格指数（基期 = 2000 年）进行平减处理。

### 5.3.3　数据来源及描述性分析

玉米作为中国第一大粮食作物，种植区域广泛。《全国农产品成本收益资料汇编》搜集了河北、山西、内蒙古、辽宁、吉林、黑龙江、江苏、安徽、山东、河南、湖北、广西、重庆、四川、贵州、云南、陕西、甘肃、宁夏和新疆 20 个玉米主产省（区）和 15 个大豆主产省（区）的数据，考虑数据的连续性和可获得性，本章选取了 15 个玉米大豆生产省份的相关数据。样本省份 2022 年玉米种植面积为 57 462.3 万亩，占当年全国玉米种植面积的 86.64%，数据代表性较强。相关数据来源于《中国统计年鉴》、《中国农村统计年鉴》和《全国农产品成本收益资料汇编》。玉米和大豆 2017 ~ 2020 年的生产者补贴数据参考了王新刚和司伟（2021）的研究；2016 年、2021 年和 2022 年玉米生产者补贴除黑龙江是全省统一标准外，其他三省（区）补贴标准由笔者收集网上相关报道，根据各省（区）2 ~ 5 个县（旗）的平均值计算得到；2014 ~ 2016 年大豆目标价格补贴由笔者根据网上相关报道收集。针对部分省份部分年份存在数据缺失的情况，本章采用线性差值法或均值法将其补齐。表 5 - 1 给出了主要变量的设定与描述性统计。

表 5 - 1 变量定义与描述性统计

| 变量名称 | 含义及单位 | 均值 | 标准差 | 最小值 | 最大值 |
|---|---|---|---|---|---|
| **被解释变量** | | | | | |
| 玉米种植面积 | 玉米种植面积（万亩） | 3 564.55 | 2 338.48 | 649.08 | 11 041.72 |
| **解释变量** | | | | | |
| 玉米"价补分离"政策 | 政策实施地区和时间的交乘项 | 0.14 | 0.35 | 0.00 | 1.00 |
| **机制变量** | | | | | |
| 玉米大豆总收益差 | 玉米和大豆总收益的差值（元/亩） | 89.49 | 111.87 | - 221.88 | 599.41 |
| 玉米大豆价格比 | 玉米和大豆价格的比值×100 | 43.83 | 4.98 | 31.05 | 55.99 |
| **控制变量** | | | | | |
| 玉米产量 | 玉米产量（万吨） | 1 419.27 | 1 040.04 | 220.38 | 4 280.19 |
| 大豆价格 | 大豆销售价格（元/千克） | 4.02 | 0.52 | 2.89 | 5.81 |
| 有效灌溉率 | 有效灌溉面积/农作物播种面积（%） | 37.38 | 9.50 | 19.25 | 56.50 |
| 农业机械总动力 | 农业机械总动力（万千瓦） | 4 872.42 | 3 132.05 | 903.15 | 13 353.00 |
| 产业结构 | 第一产业增加值/地区生产总值（%） | 10.80 | 4.06 | 4.02 | 25.27 |
| 农作物播种面积 | 农作物播种面积（万亩） | 11 799.36 | 5 141.06 | 4 663.70 | 22 814.11 |

注：玉米种植面积、玉米大豆价格比、玉米产量、农业机械总动力和农作物播种面积未进行对数化处理，但以下的实证分析中均取自然对数。

资料来源：国家统计局官网、《中国农村统计年鉴》、《全国农产品成本收益资料汇编》和笔者搜集。

## ▶ 5.4 玉米"价补分离"政策影响玉米种植面积的实证结果与分析

### 5.4.1 玉米"价补分离"政策影响玉米种植面积的基准结果

#### 1. 描述性分析

从图 5 - 2 可以看出,玉米"价补分离"政策实施以来,玉米种植面积变化出现反复。其中,政策实施前两年(2016 ~ 2017 年),玉米种植面积持续下降;政策实施第 3 年(2018 年),玉米种植面积出现小幅上升;政策实施第 4 年和第 5 年(2019 ~ 2020 年),玉米种植面积降幅又再次扩大;政策实施第 6 年(2021 年),玉米种植面积再次小幅上升;到政策实施第 7 年(2022 年),玉米种植面积再次下降。尽管图 5 - 2 较为直观地展现了玉米"价补分离"政策实施以来玉米种植面积的变化趋势,但难

**图 5 - 2  2015 ~ 2022 年实验组与参照组玉米种植面积的变动**
资料来源:国家统计局官网。

以揭示玉米种植面积调整的净效应以及背后的作用机制,需要借助计量模型进行进一步分析。

## 2. 双重差分模型估计

为了更准确地考察玉米"价补分离"政策对玉米种植面积的影响,本章采用双重差分模型来检验政策的净效应。与描述性分析相比,回归方法可以控制更多的变量,从而提高估计的精度。

表5-2报告了玉米"价补分离"政策对玉米种植面积影响的估计结果。结果显示,在控制了相关变量之后,玉米"价补分离"政策对玉米种植面积缩减作用显著,东北三省一区玉米种植面积平均下降了3.1%,且在5%的水平上显著,说明玉米"价补分离"政策导致东北三省一区玉米种植面积显著下降。H5.1得到支持。

表5-2　　　　玉米"价补分离"政策对玉米种植面积影响的估计结果

| 变量 | 模型(1) | 模型(2) |
|---|---|---|
| | 玉米种植结构 | 玉米种植面积 |
| 玉米"价补分离"政策 | 0.060*** (3.107) | -0.031** (-2.337) |
| 上年玉米种植面积 | | 0.648*** (9.444) |
| 上年玉米产量 | | 0.056 (1.589) |
| 上年大豆价格 | | 0.011 (1.520) |
| 有效灌溉率 | | 0.002 (1.627) |
| 农业机械总动力 | | 0.000 (0.001) |
| 产业结构 | | -0.005* (-1.735) |

| 变量 | 模型（1） | 模型（2） |
|---|---|---|
| | 玉米种植结构 | 玉米种植面积 |
| 农作物播种面积 | | 0.439 ***<br>（3.601） |
| 常数项 | 7.911 ***<br>（1 561.090） | - 1.745 *<br>（- 1.898） |
| 时间固定效应 | 控制 | 控制 |
| 个体固定效应 | 控制 | 控制 |
| 观测值 | 225 | 225 |
| $R^2$ | 0.994 | 0.999 |

注：括号内数值为 T 值，***、** 和 * 分别表示在 1%、5% 和 10% 的水平上具有统计显著性。

### 3. 平行趋势检验及动态效应分析

应用双重差分模型需要满足两个假设前提。一是平行趋势假设，即政策实施前东北三省一区和其他省份在玉米种植面积变化上应该具有相同的趋势，否则估计结果将会产生较大偏误。本章参照雅各布森等（1993）研发的事件研究法（event study approach），检验平行趋势假设，同时进一步考察玉米"价补分离"政策效果的动态变化，构建如下模型：

$$Y_{st} = \beta_0 + \sum_{t=2008}^{2022} \beta_t (Treat_s \times Time_t) + \delta X_{st} + \mu_s + \lambda_t + \varepsilon_{st} (t \neq 2015)$$

$$(5-2)$$

其中，借鉴吕越等（2023）的研究，以政策实施前 3 年到后 6 年为窗口期，本章以政策实施前 1 期为基期，对窗口期以外的观测值做两端收尾处理，检验各省份玉米"价补分离"政策实施前 3 年到后 6 年的动态趋势变化。$\beta_t$ 表示 2008 ~ 2022 年的一系列估计值。其他变量设定同式（5-1）。

根据式（5-2）对玉米"价补分离"的动态效应进行估计。在控制关键变量后，分别考察玉米"价补分离"政策实施前 3 年到后 6 年的玉米种植面积变化，回归结果如图 5 – 3 所示。

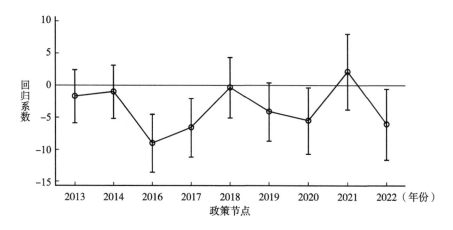

**图 5 – 3　玉米"价补分离"政策对玉米种植面积影响的动态效应**

图 5 – 3 展示了估计系数的大小及对应的显著性水平。结果显示，在政策窗口期内，在实施玉米"价补分离"政策之前，回归结果均不显著，受玉米"价补分离"政策影响的处理组和未受玉米"价补分离"政策影响的控制组满足平行趋势假定。这意味着，处理组相对控制组所出现的玉米种植面积的下降，是实施玉米"价补分离"政策的结果，而不是事前就存在差异的结果。

从动态效应来看，政策对玉米种植面积的缩减效应存在波动。具体地，政策实施前两年（2016 ~ 2017 年）玉米种植面积显著下降，可能的解释是，随着玉米价格的下降，玉米种植收益大幅减少，加上受玉米价格持续下降的风险约束，农户普遍缩减玉米种植面积。在政策实施第 3 年即 2018 年，政策对玉米种植面积的影响已经大幅下降，但不再显著。可能的解释是，随着玉米大豆比价的回升，种植玉米预期收益提高，玉米种植面积也有所增加。在政策实施第 4 年和第 5 年（2019 ~ 2020 年），政策对玉米种植比重的影响显著为负，且缩减效应呈现扩大的趋势。可能的解释是，2018 年以来，政府扩大了玉米大豆生产者补贴差额，尽管玉米大豆合理比价关系持续回升，理论上玉米种植面积应该持续提高，但是大豆总现金收益也开始超过玉米。在政策实施第 6 年 (2021 年), 政策对玉米种植面积的影响为负, 但在统计上并不显著。在政策实施第 7 年 (2022 年), 政策对玉米种植面积的影响为负, 且在统计上显著, 可能的原因是大豆补贴的持续增加使大豆总收益远远超过玉米, 大豆播种面积的扩展明显挤占了玉米种植面积。H5.2 得到支持。

### 4. 双重差分模型适用性的再讨论

应用双重差分模型的另一个假设前提是政策的随机分组。双重差分法的分析思路是将公共政策视为一个 "准自然实验", 为了评估政策实施带来的净影响, 首先观察受政策影响的个体在政策实施前后的变化, 再观察未受政策影响的个体在政策实施前后的变化, 两个变化之间的差异就是政策干预对个体的影响。因此, 双重差分法并不严格要求处理组与控制组之间满足随机分组条件。但现实情况下, 任何一项政策几乎都有特定的政策目标和政策对象, 完全随机分配的政策几乎并不存在 (黄炜等, 2022), 玉米 "价补分离" 政策也是如此。双重差分估计正确性的一个重要条件是公共政策的变化必须是外生的, 实际上, 双重差分法所要求的 "随机分组", 是指结果变量的变动趋势独立于政策冲击, 即政策干预前的结果变量变化趋势满足随机分组条件 (周黎安和陈烨等, 2015; 黄炜等, 2022)。

本章采用 Logit 模型来检验玉米种植面积变化值是否影响到玉米 "价补分离" 政策执行省份的选取。本章引入变量 "试点省" (如果该省日后成为改革试点省则取值为 1, 否则为 0), 以 "是否为政策执行区" 为被解释变量, 选取玉米种植面积差值为被解释变量, 借鉴王力和孙鲁云 (2019) 与缪书超等 (2019) 的研究, 选取产业结构层次系数[①]、玉米产

---

① 借鉴徐敏 (2015) 的研究, 产业结构层次系数 $= 3 \times p(3) + 2 \times p(2) + p(1)$, 其中 $p(3)$、$p(2)$ 和 $p(1)$ 分别表示第三产业、第二产业和第一产业占 GDP 的比重。

量、价格和种植效益为控制变量。Logit 模型回归结果见表 5 - 3。由表 5 - 3
回归（5）的结果可以看出，玉米产量在 5% 的水平下显著为正，这进一
步验证了玉米主产大省被挑选出来执行收购价政策。玉米种植面积变化
值的估计系数不显著，说明玉米"价补分离"政策执行地区的选择并不
以玉米种植面积变化值高低为依据。由此，可以认为，本章研究样本的
选择基本满足随机分组的基本假设。

表 5 - 3               二元 Logit 模型回归结果

| 变量名称 | 回归（1） | 回归（2） | 回归（3） | 回归（4） | 回归（5） |
|---|---|---|---|---|---|
| 种植效益 | -0.002<br>(-0.350) | | | | -0.023<br>(-1.593) |
| 产业结构层次系数 | | 0.054<br>(0.623) | | | 0.168<br>(1.046) |
| 玉米售价 | | | 4.479<br>(1.275) | | 16.904<br>(1.536) |
| 玉米种植面积变化值 | | | | 43.241<br>(1.561) | 38.709<br>(1.276) |
| 玉米产量 | 4.342***<br>(2.852) | 4.738***<br>(2.853) | 4.356***<br>(2.863) | 5.025***<br>(2.900) | 8.230**<br>(2.054) |
| 常数项 | -32.647***<br>(-2.687) | -49.028*<br>(-1.740) | -35.779***<br>(-2.938) | -46.669***<br>(-2.764) | -123.801<br>(-1.632) |
| Pseudo $R^2$ | 0.558 2 | 0.562 4 | 0.588 8 | 0.607 5 | 0.714 1 |
| 观测值 | 60 | 60 | 60 | 60 | 60 |

注：括号内数值为 T 值，***、** 和 * 分别表示在 1%、5% 和 10% 的水平上具有统计显著性。

## 5.4.2  安慰剂检验与稳健性检验

### 1. 安慰剂检验

为了排除玉米"价补分离"政策的玉米种植面积调整效应受到遗漏
变量干扰的可能，本章利用反事实方法，采用安慰剂检验的方法，进行
平行趋势检验。借鉴阮荣平等（2020b）的处理方法，本章在参照组中随

机选择 4 个省份，将这 4 个省份视为实验组，将剩余的省份视为参照组。如果参照组玉米"价补分离"政策实施前后存在不同趋势的话，那么将有可能再次出现与表 5-2 相同的估计结果。使用式（5-1）重新估计虚构出来的处理效应，将该过程重复 100 次。图 5-4 中纵向虚线为真实处理效应水平，可以发现没有一个伪处理效应可以达到真实处理效应水平。该检验结果说明对于不受改革影响的省份，玉米种植面积在玉米"价补分离"政策实施前后的变动基本一致。

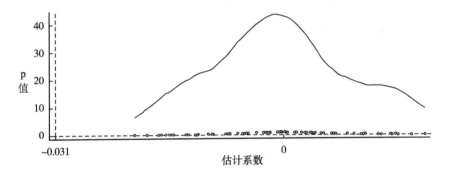

**图 5-4　安慰剂检验**

### 2. 稳健性检验

基准回归结果基本证实了本部分的研究假设，但仍存在一些潜在的因素可能会对本章的推断产生影响。本部分采用以下方式进行稳健性检验：其一，替换被解释变量；其二，加入遗漏变量。估计结果见表 5-4。

表 5-4　　　　　　　　　　　　稳健性检验

| 变量 | 稳健性检验（1） | 稳健性检验（2） |
|---|---|---|
| | 玉米种植面积 | 玉米种植结构 |
| 玉米"价补分离"政策 | -0.031 **<br>（-2.104） | -1.447 **<br>（-2.459） |
| 农业劳动力老龄化程度 | -0.0002<br>（-0.138） | |

续表

| 变量 | 稳健性检验（1） | 稳健性检验（2） |
| --- | --- | --- |
| | 玉米种植面积 | 玉米种植结构 |
| 其他控制变量 | 已控制 | 已控制 |
| 观测值 | 225 | 225 |
| $R^2$ | 0.999 | 0.997 |

注：括号内数值为 T 值，***、**和*分别表示在 1%、5% 和 10% 的水平上具有统计显著性；其他控制变量同表 5 - 2。

第一，加入遗漏变量。玉米种植面积在玉米"价补分离"政策实施前后的显著变化可能不是由玉米"价补分离"政策而是由遗漏变量（农业劳动力老龄化程度）导致的。因此，本章引入农村 60 岁以上人口占总人口的比重代表农业劳动力老龄化程度，减轻了遗漏变量偏误问题。结果表明，基准模型估计结果的研究结论依然成立。

第二，替换被解释变量。玉米种植行为变化除了采用玉米种植面积以外，还可以采用玉米种植结构来表示。本章采用玉米种植面积占农作物播种面积的比重作为被解释变量，估计结果表明，基准模型估计结果的研究结论依然成立。

## ▶ 5.5 机制检验与进一步讨论

前文分析认为玉米"价补分离"政策可能通过以下两个机制来影响玉米种植面积：一是通过玉米大豆总收益差来调整玉米种植面积；二是通过玉米大豆价格比的引导作用来优化调整玉米种植面积。尽管这两个机制表面看都属于"价补分离"政策范畴，但是其背后的机制已经发生了本质变化。玉米大豆总收益差反映的是政府调控，而玉米大豆价格比反映了市场调节作用。那么，市场调节能否有效调整玉米种植面积？政府调控增强以后，对市场机制又会产生怎样的影响？又是否存在市场失灵问题？考虑到补贴差额大幅变化，有理由相信政策对玉米种植面积的影响是非线性的，为了洞察其黑箱机制，本章进一步探究政府作用与市场调节的动态效应。首先，以玉米大豆总收益差为中介变量，检验政府调控对玉米种植面积的动态效应；其次，以上年玉米大豆价格比为中介变量，检验市场调节对玉米种植面积的动态效应；再次，结合前文玉米"价补分离"政策对玉米种植面积影响的动态效应，识别主导机制及其变化；最后，进一步探讨市场机制"失灵"的深层次原因及以政府调控为主导机制的潜在问题。

### 5.5.1　影响机制分析

常见研究因果关系作用渠道的做法是，提出中介变量，这些变量和被解释变量的因果关系在理论上比较直观，以至于不必采用正式的因果推断手段来研究从中介变量到被解释变量的因果关系（江艇，2022）。鉴于中介效应可能存在的非线性，本章参考李晗等（2021）的做法，对中介效应的动态效应进行分解。

#### 1. 政府调控的影响机制

理论分析认为，理性的农户会选择种植收益更高的品种，随着玉米大豆生产者补贴差额的扩大，玉米大豆预期收益差值也能够代表玉米大豆下一年的收益情况，进而影响农户种植决策。根据式（5 - 1），以"玉米'价补分离'政策"为自变量，以"玉米大豆总收益差"为被解释变量，在控制其他影响因素的基础上进行回归，检验玉米"价补分离"政策对玉米大豆预期收益差的影响，回归结果见表 5 - 5。表 5 - 5 模型（1）结果表明，政策实施前两年，玉米大豆预期收益差并没有显著变化；2018 ~ 2022 年，玉米大豆预期收益差显著下降，这是因为国家扩大玉米大豆补贴差额，导致玉米总收益明显低于大豆，且差值持续增大，而这也是玉米种植面积持续下降的重要原因。H5.3得到支持。

表5-5 中介效应的动态效应

| 变量名称 | 模型（1） | 模型（2） |
|---|---|---|
| | 玉米大豆总收益差 | 上年玉米大豆价格比 |
| treat × year 2013 | 6.147<br>(0.175) | -0.026<br>(-1.209) |
| treat × year 2014 | -0.009<br>(-0.000) | -0.010<br>(-0.445) |
| treat × year 2016 | -31.833<br>(-0.794) | 0.074 **<br>(2.240) |
| treat × year 2017 | -26.466<br>(-0.505) | -0.194 ***<br>(-5.959) |
| treat × year 2018 | -143.072 ***<br>(-4.071) | -0.089 ***<br>(-3.152) |
| treat × year 2019 | -94.058 **<br>(-2.473) | -0.054 ***<br>(-2.752) |
| treat × year 2020 | -77.669 *<br>(-1.820) | -0.052 **<br>(-2.399) |
| treat × year 2021 | -151.752 ***<br>(-3.365) | -0.084 ***<br>(-2.680) |
| treat × year 2022 | -165.230 **<br>(-2.111) | -0.056 **<br>(-2.344) |
| 常数项 | -1 228.976<br>(-0.404) | 3.401 **<br>(2.171) |
| 控制变量 | 控制 | 控制 |
| 时间固定效应 | 控制 | 控制 |
| 个体固定效应 | 控制 | 控制 |
| 观测值 | 225 | 225 |
| $R^2$ | 0.670 | 0.895 |

注：括号内数值为T值，***、**和*分别表示在1%、5%和10%的水平上具有统计显著性；其他控制变量同表5-2。

### 2. 市场调节的影响机制

理论分析认为，粮食价格市场化改革能够理顺粮食价格机制，进而通过玉米大豆比价引导农户调整种植结构。根据蛛网模型，农产品种植决策受上年价格的影响，但考虑到大豆和玉米种植的可替代性，农户会在两种作物之间调整种植结构以实现收益最大化。因此，本章以上年玉米大豆价格比为机制变量，检验玉米"价补分离"政策对上年玉米大豆价格比的影响。

表 5-5 模型（2）结果表明，2016 年以来，玉米"价补分离"政策显著降低了玉米大豆价格比。这说明随着玉米价格市场化，东北三省一区和其他玉米主产区之间的玉米大豆价格比差距显著缩小，进而缩减玉米种植面积。H5.4 得到支持。但需要特别说明的是，尽管玉米"价补分离"政策导致东北三省一区玉米大豆价格比显著下降，但大多数时间段，东北三省一区玉米大豆价格比仍然偏高，且明显高于 1∶2.50 左右的玉米大豆合理价格比，这意味仅从玉米大豆价格比上来看，东北三省一区种植玉米的收益相对偏高。

### 3. 市场调节与政府调控的主导机制及其变化

结合前文玉米"价补分离"政策影响玉米种植面积的动态变化趋势，以及玉米"价补分离"政策影响玉米大豆预期收益差值和上年玉米大豆价格比的动态变化，可以发现，市场机制短暂地引导了种植面积调整，但随着时间推移，政府调控逐渐成为影响种植面积调整的主导因素。具体地，2017 年，受上年玉米大豆价格比下降和玉米大豆预期收益差值变大的共同影响，玉米种植面积显著下降，说明市场调节在种植面积调整中也发挥了较大作用。但是，2018～2022 年大豆生产者补贴比玉米至少高 200 元/亩，尽管同时期的玉米大豆价格比已经超过合理水平，理论上玉米种植面积应该扩大，但实际上，2019 年和 2020 年的玉米种植面积却显著下降，这说明 2019～2020 年政府调控成为影响东北三省一区玉米种植面积变化的主导因素。2021 年，尽管仍受到玉米大豆预期收益差的影响，但是这一年农业农村部提出东北和黄淮海等地区增加玉米种植面积 1 000 万亩以上，并在东北扩大轮作规模，轮作补贴为 150 元/亩，受上述政策影响，玉米种植面积出现反弹。但在 2022 年，随着玉米大豆预期收益差值的持续变大，玉米种植面积又再次显著下降。可见，玉米"价补分离"政策实施之后的数年，政府调控影响增强，并逐渐成为主导因素，而市场调节的作用逐渐弱化。

## 5.5.2 进一步讨论

### 1. 市场机制"失灵"的深层次原因

国内玉米大豆价格比难以反映真实的供求关系，单纯依靠市场调节也就难以引导大豆玉米种植结构调整优化。一是在市场条件下，玉米大豆价格比高于合理水平，种植玉米的比较收益更高。玉米市场化改革以后，国内玉米价格受到当期国际玉米价格的影响较大（王丽娜，2017；乐姣等，2021）。反观大豆，自 2002 年开始，中国对大豆进口取消了配额限制，由于中国大豆对外依存度较高，中国的大豆价格实际上是由国际市场价格决定的，其中，国际大豆期货价格、大豆进口量以及中美经贸关系是影响我国国内大豆价格的主要因素（辛阳和赵大坤，2020），由于国际大豆价格偏低，导致中国市场上的玉米大豆价格比高于合理水平。二是贸易保护空间用尽，关税"防火墙"作用失效。我国加入世界贸易组织前期已经履行承诺，进行了非关税壁垒的关税化与关税削减，其中玉米配额内关税仅为 1%，配额外关税为 65%，而我国对部分国家进口大豆的关税为 3%，进一步抬高了玉米大豆价格比，使种植玉米的比较收益更高。三是大豆与玉米国际竞争力偏低，与国际粮食主要出口国的差距较大。国际大豆具有明显的价格优势。通过与美国的对比分析发现，国产大豆与玉米的生产成本远高于美国。以玉米为例，2019～2022年，中国玉米生产成本比美国高出近40%。① 而且，中国大豆与玉米的单产与美国存在明显差距。美国大豆与玉米单产长期位居全球前列。2022年美国大豆和玉米单产分别为222.00千克/亩和725.33千克/亩，而当年我国大豆单产为131.83千克/亩，仅为美国单产的59.38%；我国玉米单产为429.10千克/亩，仅为美国单产的59.16%。② 因此，随着国内玉米大豆市场的高度开放，尤其大豆受国际粮食价格的影响越来越大，国内玉米大豆价格比实际上并不能反映比较收益，自然也就无法调整优化玉米大豆种植面积。

### 2. 政府调控为主导的潜在问题

短期来看，为保障大豆供给，政府通过扩大玉米大豆生产者补贴差额来加强调控，但长期来看，政府调控为主导的固有缺陷也开始显现。一是政府调控导致市场运行不畅，价格机制难以发挥调节生产的作用。当前"市场价格与生产者补贴"形成的"价格"已经成为生产者进行生产决策的主要依据，这在一定程度上造成了价格信号失真。由于价格机制不能传递市场信号，也就难以有效调整优化种植结构。二是补贴存在突破"黄箱"政策上限的可能。原有的补贴差额已经难以持续刺激大豆供给，如果加大生产者补贴的差额，不仅会陷入"玉米产量缩减、玉米收益增加、大豆生产者补贴增加"的困局，造成财政支出逐年增加，补贴金额还极有可能突破我国向WTO承诺的"黄箱"政策上限。三是政府调控往往滞后于市场变化，由此导致新的不平衡。例如，玉米国内外价格倒挂，高产量与高进口的矛盾再次出现。为此，国家于2024年1月，

---

① 《全国农产品成本收益资料汇编》、美国农业部经济中心（ERS）。
② 《全国农产品成本收益资料汇编》、美国农业部（USDA）。

在东北增加玉米收储规模。

## ▶ 5.6 本章小结

玉米"价补分离"政策影响玉米种植面积变化背后的作用机制及其变化，是检验玉米"价补分离"政策效果的重要内容。本章使用 15 个玉米主产省份 2008 ~ 2022 年的面板数据，采用双重差分模型，分析玉米"价补分离"政策对玉米种植面积的影响及动态效用，并进一步探究政策效应背后市场调节与政府调控的动态变化。主要结论如下。

第一，玉米"价补分离"政策导致玉米种植面积显著减少。

第二，从动态效应来看，玉米"价补分离"政策对玉米种植面积的缩减效应存在明显的时间异质性，政策的缩减效应存在明显波动。

第三，从作用机制来看，政策实施初期，市场调节短暂地促进了种植结构调整，随着政策深化，政府调控成为影响农户玉米种植决策的主导因素。

第四，进一步讨论认为，市场调节难以持续优化农业种植结构的深层次原因是国内玉米大豆价格受国际市场影响存在差异，国内玉米大豆价格比难以反映真实的供求关系；政府调控为主导的滞后性弊端已经显现，玉米国内外价格倒挂，高产量与高进口的矛盾再次出现。

# 第6章
## Chapter 6

# 玉米"价补分离"
# 政策的收入效应

保障农民收入是玉米"价补分离"政策的基本目标之一，评估政策对农民收入的影响是全面评估政策效果的重要内容。尽管政策建立了生产者补贴制度，旨在保障农民收入，但是政策在实际实施过程中，究竟能否实现保障农民收入的这一政策目标，仍需要进行全面而系统的分析。

首先，本章基于省级层面长面板数据，分析政策对农民收入的影响及动态效应；其次，从收入结构视角出发，更加细致地探讨玉米"价补分离"政策对农民收入的作用机制；最后，总结政策对农民收入的政策效果。

## ▶ 6.1 问题的引出

确保粮食种植户收入稳定增长是一个国家农业政策持续实施的重要保障。中国对粮食作物实施最低支持价格政策，这与孟加拉国、巴西、印度、巴基斯坦和泰国等国普遍实施的农业干预计划（Prashant Chintapalli，2023）相似。但是，随着这一政策对市场干预的程度越来越强，对农产品市场的扭曲效应越来越明显，其中玉米产业扭曲的问题尤为严峻。玉米"高产量、高库存、高进口"并存，玉米临时收储政策增产、增收作用空间日益缩小和库存积压、财政负担加重等问题日益严峻。2016 年，中国将东北三省一区的玉米临时收储政策调整为"市场化收购加补贴"新机制，理论上，如果玉米"价补分离"政策未能在短期内有效扭转农民可支配收入的滞缓趋势，未来该政策的持续实施将面临严重挑战。精准及时的政策效果评价是提高决策科学水平的重要保障，对于调整完善相关政策、保护农民种粮积极性具有很强的政策含义。同时，中国最低支持价格政策的改革经验，对于普遍采取最低价格支持政策的发展中国家具有借鉴价值。

既有文献分析了玉米"价补分离"政策对农民可支配收入或经营性收入的影响，但并未考虑该政策对转移性收入和工资性收入的影响。早期描述性分析发现，该政策降低了农民种粮收入（张磊和李冬艳，2017；顾莉丽和郭庆海，2017；刘慧等，2018a）。也有学者采用双重差分法或合成控制法等方法评估该政策对农民收入的影响，他们发现"价补分离"政策抑制了农民种粮收入的增长和农民可支配收入（宫炳含等，2021；曾智和何蒲明，2020b）。但是，也有研究采用 Cobb-Douglas 生产函数分析，认为该政策促进了农民可支配收入增长（曾智和何蒲明，2020a）。

上述研究忽略了政策对转移性收入和工资性收入的影响，未能全面考察政策影响渠道，不利于准确系统地揭示政策效果。总体来看，既有研究为本章提供了有益的思路或方法，但对该问题的研究仍有较大改进空间。一是对转移性收入的影响作用重视程度不够。政策也会通过影响转移性收入间接影响农民可支配收入（程名望，2015），增加生产者补贴是玉米"价补分离"政策的主要内容，如果忽视其作用，会导致出现收入效应测度遗漏问题。二是对工资性收入的潜在变化认识不够深刻。经济发展水平和非农产业对工资性收入有显著影响（Meena et al.，2017）。玉米 "价补分离" 政策可能通过影响第一产业和农副产品加工业等产业，影响东北三省一区经济发展和非农就业机会，进而引起农民工资性收入下降。然而，尚未有研究关注到这一作用渠道。三是对政策效应的滞后性与动态效应的估计不够充分。土地成本调整具有滞后性（蔡颖萍和杜志雄，2020），而简单判断政策短期效应，会对一定时期后政策效应的拐点出现误判。因此，应当从较长的时间维度来考察政策的长期动态效应。本章选择收入结构视角，有助于全面、准确地评估玉米 "价补分离" 政策对农民收入的影响，回应政策效果的争论，更为重要的是，有助于对农民可支配收入背后的收入结构差异形成更加深刻的认识，清晰地识别玉米 "价补分离" 政策影响农民可支配收入的路径及程度。

本章尝试基于收入结构视角，更加细致地探讨玉米 "价补分离" 政策对农民可支配收入的作用机制，从而全面、准确地评估玉米 "价补分离" 政策与农民可支配收入的关系，既能够为完善 "价补分离" 政策提出针对性的政策建议，也有助于为未来发展中国家的粮食支持政策优化提供经验。

为此，本章利用 2013 ~ 2022 年 19 个玉米主产省份的面板数据，采用双重差分模型，识别玉米 "价补分离" 政策对农民可支配收入影响的净效应和动态效应，并进一步从收入结构视角检验其作用机制。本章的边际贡献主要体现在两个方面。一是现有研究主要从农民可支配收入或经营性收入视角分析政策效果，缺乏对政策作用机制的全面分析。本章从收入结构视角，在检验了玉米 "价补分离" 政策对农户可支配收入影响的基础上，更加准确地剥离出玉米 "价补分离" 政策对经营性收入、转移性收入和工资性收入的影响。二是现有研究主要分析政策平均效应，鲜有研究剖析政策的动态效应。

## ▶ 6.2 玉米"价补分离"政策影响农民收入的理论分析与研究假说

农户是玉米"价补分离"政策的主要参与者及关键利益群体，在政策实施期间，玉米价格由市场决定，同时获得相应的补贴。理论上，政策主要通过直接和间接两种机制影响农户可支配收入。一是通过减少农户种植业收入并增加转移性收入直接影响家庭总收入；二是通过作用于劳动力要素再配置进而影响非农收入，间接影响家庭总收入。

### 1. 玉米"价补分离"政策提高转移性收入的作用机制

建立玉米生产者补贴能够增加农民转移性收入。玉米生产者补贴仅在东北三省一区实施，且补贴对象是该地区的玉米实际种植者。无论是从地区间的横向比较，还是从该地区的纵向比较来看，新增补贴均能够增加农民转移性收入，且东北三省一区的主要作物是玉米，对农民转移性收入的提升效应更为明显。

### 2. 玉米"价补分离"政策抑制经营性收入的增长作用机制

玉米"价补分离"政策通过引起玉米价格和土地成本的变动来影响经营性收入。一方面，玉米售价下跌导致经营性收入锐减。短期来看，东北三省一区玉米供大于求，导致该地区玉米售价的下降幅度要远高于其他省（区），经营性收入下降也更为明显，但长期来看，随着玉米供求趋于平衡，玉米售价逐渐回升，玉米"价补分离"政策对经营性收入的负向影响也会逐渐减弱。另一方面，土地成本也会随着玉米种植收益的下降而降低（Beckman et al.，2015；蔡颖萍和杜志雄，2020）。而且，由于土地租金大多为年初一次性支付，导致土地成本变动存在一定的滞后性。

### 3. 玉米 "价补分离" 政策影响工资性收入的作用机制

玉米 "价补分离" 政策通过影响非农就业机会和经济发展水平来影响工资性收入。一方面，玉米价格下降，导致玉米产业链上下游开始萧条，工厂开工率低，非农就业机会明显减少。另一方面，地区经济发展水平对工资性收入具有绝对影响力（Liu et al.，2021；Meena et al.，2017；徐增海，2011），东北三省一区第一产业比重高于全国平均水平，玉米售价大幅下降，导致东北三省一区经济发展水平增长滞缓，从而导致工资性收入下降。

综上，玉米 "价补分离" 政策主要通过对转移性收入、经营性收入和工资性收入的共同作用来影响农民可支配收入，但影响路径相互交织，甚至作用相反。根据上述分析，本章提出如下假说。

**H6.1**：玉米 "价补分离" 政策抑制了东北三省一区农民可支配收入增长。

**H6.2**：玉米 "价补分离" 政策效果具有时间异质性，玉米 "价补分离" 政策对农民可支配收入增长的抑制作用短期显著，长期上并不显著。

**H6.3**：玉米 "价补分离" 政策主要通过对经营性收入、转移性收入和工资性收入的共同作用来影响农民可支配收入，转移性收入的增加在较大程度上弥补了经营性收入的下降，工资性收入下降是抑制农民可支配收入增长的重要原因。

机理分析见图 6-1。

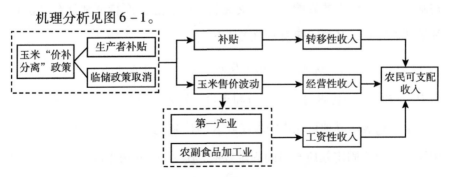

**图 6-1　玉米 "价补分离" 政策对农民收入影响的机理分析**

## ▶ 6.3　研究方法、变量设定与数据说明

### 6.3.1　研究方法

本章引入双重差分模型（DID）来评估玉米"价补分离"政策对农民可支配收入的影响。作为政策评估成熟的研究方法，双重差分模型不仅能够有效避免内生性问题，而且能够在较大程度上识别出政策的净效应。与一般政策相比，玉米"价补分离"政策的局部实施为本章政策评估提供了"准自然试验"良机。双重差分模型通过构造受政策影响的"实验组"和其他没有受政策影响的"对照组"，并通过控制其他因素，比对政策发生后实验组和对照组之间的差异，进而准确识别政策效果。

具体地，以东北三省一区为实验组，以其他玉米主产省份为对照组。这里，玉米"价补分离"政策（Treat）反映农民是否受政策影响，取值为 1 代表该省份农民受到政策影响，否则为 0；用改革时间（Time）反映政策实施进程，政策当年及以后取值为 1，否则为 0。为了检验政策效果，本章设立玉米"价补分离"政策实施地区和实施时间的交乘项（Treat × Time），以衡量玉米"价补分离"政策对农民可支配收入的影响。本章还控制了文献中确立的影响农民可支配收入的农业生产特征和社会经济特征等其他因素，基准回归模型形式如下：

$$Y_{it} = \beta_0 + \beta_1 Treat_i \times Time_t + \delta X_{it} + \mu_i + \lambda_t + \varepsilon_{it} \qquad (6-1)$$

其中，$i$ 和 $t$ 分别代表对应的省份和年份，$Y_{it}$ 采用农民可支配收入作为代理变量，$X_{it}$ 表示其他可能影响农民收入的控制变量，$\mu_i$ 和 $\lambda_t$ 分别为模型中控制的个体固定效应与时间固定效应，$\beta_0$ 和 $\varepsilon_{it}$ 分别为截距项和随机误差项。

## 6.3.2 变量设置

### 1. 因变量

本章检验玉米"价补分离"政策对农民可支配收入的影响，并进一步从收入结构视角探讨其影响的作用机制。因此，本章选择农民可支配收入、经营性收入、转移性收入和工资性收入作为被解释变量，这既考虑了玉米"价补分离"政策对农民可支配收入的影响，又可验证玉米"价补分离"政策对不同来源收入的影响机制。

### 2. 核心自变量

本章核心解释变量为玉米"价补分离"政策，借鉴阮荣平等（2020）的做法，玉米"价补分离"政策为政策虚拟变量和时间虚拟变量的交乘项。

### 3. 控制变量

农民可支配收入往往还与农业生产、社会经济和自然等状况相关。一是农业生产方面，玉米产量和价格的变化会直接影响农民收入，玉米和大豆是典型的竞争作物，大豆播种面积的变化也会影响农民收入，此外，农业机械化会降低劳动力投入，从而影响农民可支配收入，因此，本章分别选取玉米产量、销售价格、大豆播种面积以及农业机械总动力四个控制变量来表征农业生产特征。二是社会经济发展状况。产业结构关乎劳动力市场、资本市场的发达程度，进而影响农民的收入，用地区第一产业产值占地区生产总值的比重衡量；经济发展水平是促进社会全面发展的基础保障，对于农民可支配收入的增加也不例外，以各省（市）人均 GDP 度量；农业资源禀赋也会影响农民收入，以农作物播种面积来衡量农业资源禀赋状况；大豆生产者补贴政策也会影响农民收入，选取每亩大豆现金收益与生产者补贴之和得到大豆总收益，以此表征大豆生产者补贴政策。三是自然灾害也会影响农民可支配收入，采用受灾作物面积占农作物播种总面积的比重来表示自然灾害。为消除价格因素的影响，本章对以货币形式衡量的变量均已经采用相应价格指数（基期 = 2000 年）进行平减处理。

## 6.3.3　数据来源及描述性分析

玉米作为中国第一大粮食作物，种植区域广泛。本章数据来自河北、山西、内蒙古等 19 个省份的宏观数据。《全国农产品成本收益资料汇编》提供的玉米主产省份样本仅有 20 个，考虑到统计数据的可获得性和连续性，同时考虑到新疆农民的收入结构与其他省份差异较大，本章选取了除新疆外的 19 个玉米主产省份的相关数据。样本省份 2022 年玉米种植面积为 61 480.185 万亩，占全国播种面积的 95.16%。诚然，农户层面微观数据能够更为直接、准确地评估玉米"价补分离"政策对农民可支配收入的影响，但省级层面的综合数据同样具有政策效果评估的优势。一方面，省级数据作为汇总数据，能够更为广泛地揭示农户收入的变化，且数据较新，具有较强的代表性；另一方面，就微观农户数据而言，现有公开的微观农户数据库较少搜集农户农作物品种的信息，即使有也较为陈旧，而省级层面数据不失为评估政策效果的有效依据。玉米和大豆 2017 ~ 2020 年的生产者补贴数据参考了王新刚和司伟（2021）的研究；2016 年、2021 年和 2022 年的玉米生产者补贴除黑龙江省是全省统一标准外，其他三省区补贴标准由笔者搜集网上相关报道，根据各省份 2 ~ 5 个县（旗）的平均值计算得到；2014 ~ 2016 年大豆目标价格补贴由笔者根据网上相关报道搜集。针对部分省份部分年份存在数据缺失的情况，本章采用线性差值法或均值法将其补齐。表 6 - 1 给出了主要变量的设定与描述性统计。

表6-1 变量设定与描述性统计

| 变量名称 | 变量定义及单位 | 均值 | 标准差 | 最小值 | 最大值 |
|---|---|---|---|---|---|
| **被解释变量** | | | | | |
| 农民可支配收入 | 农民人均可支配收入（元） | 10 750.09 | 2 835.58 | 5 012.38 | 21 531.75 |
| 经营性收入 | 农民人均经营可支配收入（元） | 4 422.07 | 1 334.54 | 1 964.13 | 8 358.41 |
| 转移性收入 | 农民人均转移收入（元） | 2 225.90 | 823.59 | 544.04 | 4 672.70 |
| 工资性收入 | 农民人均工资性收入（元） | 3 853.35 | 1 674.99 | 1 190.49 | 10 564.62 |
| **核心解释变量** | | | | | |
| 玉米"价补分离"政策 | 政策实施地区和时间的交乘项 | 0.15 | 0.36 | 0.00 | 1.00 |
| **控制变量** | | | | | |
| 玉米产量 | 玉米产量（万吨） | 1 300.99 | 1 110.03 | 206.24 | 4 280.19 |
| 玉米售价 | 玉米销售价格（元/千克） | 1.75 | 0.25 | 1.08 | 2.30 |
| 大豆播种面积 | 大豆播种面积（万亩） | 624.20 | 1 230.38 | 3.68 | 7 397.46 |
| 农业机械总动力 | 农业机械总动力（万千瓦） | 4 485.47 | 2 987.00 | 580.50 | 13 353.00 |
| 产业结构 | 第一产业增加值/地区生产总值（%） | 10.59 | 4.28 | 4.02 | 25.27 |
| 人均GDP | 各省人均生产总值（元） | 31 798.06 | 10 088.59 | 17 671.20 | 70 434.15 |
| 农作物播种面积 | 农作物播种面积（万亩） | 10 778.51 | 5 377.07 | 1 678.28 | 22 814.11 |
| 大豆总收益 | 现金收益与生产者补贴之和（元/亩） | 351.48 | 178.76 | -360.86 | 805.84 |
| 自然灾害 | 农作物受灾面积占总播种面积的比重（%） | 13.60 | 10.56 | 0.41 | 45.77 |

注：以货币形式衡量的变量均已经进行平减处理。表中玉米产量、大豆播种面积、农业机械总动力、人均GDP和农作物播种面积未进行对数化处理，但后文的实证分析中均取自然对数。

资料来源：《中国统计年鉴》、《中国农村统计年鉴》和《全国农产品成本收益资料汇编》。

## ▶ 6.4 玉米"价补分离"政策对农民收入影响的实证分析

### 6.4.1 玉米"价补分离"政策影响农民收入的基准结果

本章采用双重差分模型来估计玉米"价补分离"政策对农民可支配收入影响的净效应。为了确保参数估计具有稳定性，本章首先分析玉米"价补分离"政策对农民可支配收入的影响，然后逐步增加玉米产量、玉米售价、大豆播种面积、农业机械总动力、产业结构、人均 GDP、农作物播种面积、大豆总收益和自然灾害等变量，结果见表 6 - 2。由表 6 - 2 模型（1）可知，玉米"价补分离"政策在 10% 的显著性水平上对农民可支配收入有显著的负向作用，当逐步将控制变量引入模型后，该政策对农民可支配收入的影响仍然显著为负，且影响程度进一步增大。因此，实证估计结果表明：玉米"价补分离"政策显著抑制了农民可支配收入增长。这表明玉米收储制度市场化改革后，由于东北三省一区长期收储导致玉米供过于求，玉米价格大幅下降，进而导致该地区农民可支配收入显著下降。H6.1 得到验证。但是，值得注意的是，尽管实施了玉米生产者补贴，仍未能有效减缓政策冲击。可见在市场化改革过程中，生产者补贴未能有效缓解政策的冲击。

表 6 - 2　　玉米"价补分离"政策对农民收入影响的估计结果

| 变量名 | 模型（1） | 模型（2） | 模型（3） | 模型（4） |
|---|---|---|---|---|
| 玉米"价补分离"政策 | - 220.744 *<br>（- 1.863） | - 541.781 ***<br>（- 3.697） | - 362.135 **<br>（- 2.317） | - 407.383 ***<br>（- 2.661） |
| 玉米产量 | | 1 138.065 ***<br>（3.361） | 1 411.036 ***<br>（4.556） | 1 542.851 ***<br>（4.805） |

续表

| 变量名 | 模型（1） | 模型（2） | 模型（3） | 模型（4） |
|---|---|---|---|---|
| 玉米售价 | | −861. 746 ***<br>（−2. 684） | −882. 120 ***<br>（−3. 023） | −847. 539 ***<br>（−3. 008） |
| 大豆播种面积 | | 206. 169<br>（1. 648） | 160. 195<br>（1. 532） | 171. 558 *<br>（1. 673） |
| 农业机械总动力 | | 670. 317 ***<br>（3. 106） | 886. 937 ***<br>（4. 124） | 853. 531 ***<br>（4. 108） |
| 产业结构 | | | −156. 646 ***<br>（−6. 301） | −148. 575 ***<br>（−6. 186） |
| 人均 GDP | | | 74. 672<br>（0. 160） | 74. 994<br>（0. 162） |
| 农作物播种面积 | | | −4 777. 705 ***<br>（−3. 171） | −4 877. 936 ***<br>（−3. 283） |
| 大豆总收益 | | | 0. 204<br>（0. 764） | 0. 306<br>（1. 112） |
| 自然灾害 | | | | 7. 296 ***<br>（2. 779） |
| 常数项 | 10 782. 625 ***<br>（359. 617） | −2 003. 125<br>（−0. 677） | 39 123. 460 ***<br>（3. 054） | 39 080. 067 ***<br>（3. 120） |
| 个体固定效应 | 已控制 | 已控制 | 已控制 | 已控制 |
| 时间固定效应 | 已控制 | 已控制 | 已控制 | 已控制 |
| 观测值 | 190 | 190 | 190 | 190 |
| $R^2$ | 0. 985 | 0. 987 | 0. 990 | 0. 990 |

注：括号内数值为 T 值，***、** 和 * 分别表示在 1%、5% 和 10% 的水平上具有统计显著性。

## 6. 4. 2　平行趋势检验及动态效应分析

双重差分模型的使用前提是满足"平行趋势"假设。就本章而言，玉米"价补分离"政策实施前，实验组与对照组的农民可支配收入变化趋势保持一致。需要说明的是，尽管东北三省一区在政策实施前执行玉米临储政策，而其他省份并未实施，但该政策具有托市传播效应，从政策执行期间玉米价格差异来看，东北三省一区和其他省份之间的玉米价格差较小，而且具有相同的波动特征。因此，即便东北三省一区实施玉米临储政策，也并未使东北三省一区和其他省份之间的农民可支配收入发生显著变化。前文已经分别分析了玉米"价补分离"政策对农民可支配收入的影响，然而这只是政策的平均效应，并未考虑随着时间的推移，各年度政策效应的变化。为此，本章参照雅各布森等（Jacobson et al.，1993）研发的事件研究法，检验平行趋势假设，同时进一步考察玉米"价补分离"政策效果的动态变化，构建如下模型：

$$Y_{it} = \beta_0 + \sum_{t=2013}^{2022} \beta_t (Treat_s \times Time_t) + \delta X_{it} + \mu_i + \lambda_t + \varepsilon_{it} (t \neq 2015)$$

$$(6-2)$$

其中，借鉴吕越等（2023）的研究，以政策实施前3年到后6年为窗口期，以政策实施前1期为基期，对窗口期以外的观测值作两端收尾处理，检验各省份玉米"价补分离"政策实施前3年到后6年的动态趋势变化。$\beta_t$ 表示 2013~2022 年的一系列估计值。其他变量设定同式（6-1）。

图6-2绘制了估计结果（置信区间为90%）。估计结果表明，在2014~2015年均不显著，说明实验组与对照组在试点政策实施前不存在明显的差异，满足平行趋势假设。此外，玉米"价补分离"政策实施前4年（2016~2019年）回归系数均有显著的下降趋势，表明玉米"价补分离"政策对农民可支配收入的抑制作用具有长期性和稳定性，但此后政策效果存在波动。实证结果并不完全支持H6.2，这可能是因为政策对第一产业和农副食品加工业均产生了负面影响，进一步加剧东北三省一区经济发展水平下滑和非农就业岗位减少，导致工资性收入明显下降，最终导致农民可支配收入下降。本章将从收入结构的动态变化角度进行进一步分析。

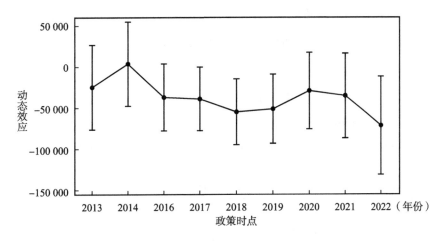

图6-2 玉米"价补分离"政策对农民可支配收入影响的动态效应

### 6.4.3 双重差分模型适用性的再讨论

双重差分估计正确的另一个重要条件是公共政策的变化必须是外生的。双重差分法的分析思路是将公共政策视为一个"准自然实验",但双重差分法背后隐含着"准自然实验"的思想,并不严格要求处理组与控制组之间满足随机分组条件。现实情况下,大多数政策干预是非随机的,玉米"价补分离"政策也是如此。从政策出台的背景来看,玉米"价补分离"政策实施的省份并非随机选择的,而是针对2008年以来实施玉米临时收储政策的省份,但只要政策实施的选择与农民可支配收入不具有系统相关性,就可以认为政府选择实施政策的省份是随机的(周晶,2015)。

本章采用Logit模型来检验农民可支配收入是否影响到玉米"价补分离"政策执行省份的选取。选择政策实施前各省(区)数据,以"是否为政策执行区"为被解释变量,选取农民可支配收入为解释变量,借鉴王力和孙鲁云(2019)以及缪书超等(2019)的研究,选取产业结构层次系数、产量和种植效益为控制变量。Logit模型回归结果见表6-3。由

表6-3回归（5）的结果可以看出，在控制了产业层次系数和种植效益后，玉米价格和玉米种植面积的系数均在1%的水平上显著为正，这进一步验证了价格较高的玉米主产大省被挑选出来执行收购价政策。回归（4）和回归（5）的结果表明，农民可支配收入的估计系数不显著。这说明玉米"价补分离"政策执行地区的选择并不以农民可支配收入高低为依据。由此，可以认为，本章研究样本的选择基本满足随机分组的基本假设。

表6-3　　　　　　　　二元 Logit 模型回归结果

| 变量名称 | 回归（1） | 回归（2） | 回归（3） | 回归（4） | 回归（5） |
|---|---|---|---|---|---|
| 种植效益 | -0.006***<br>(-3.294) | | | | -0.010***<br>(-3.258) |
| 产业结构层次 | | 0.027<br>(0.858) | | | 0.142**<br>(2.547) |
| 玉米价格 | | | -1.703**<br>(-2.285) | | 1.925***<br>(1.344) |
| 农民收入 | | | | -0.918<br>(-1.396) | -1.587<br>(-1.059) |
| 玉米种植面积 | 3.483***<br>(5.854) | 3.103***<br>(5.838) | 3.076***<br>(5.811) | 3.382***<br>(5.460) | 5.367***<br>(4.100) |
| 常数项 | -1.733**<br>(-2.051) | -2.904<br>(-0.929) | 0.061<br>(0.026) | -3.558***<br>(-5.285) | -3.366<br>(-0.801) |
| Pseudo $R^2$ | 0.4406 | 0.3848 | 0.4072 | 0.3909 | 0.4824 |
| 观测值 | 209 | 209 | 209 | 209 | 209 |

注：括号内数值为Z值，***、**和*分别表示在1%、5%和10%的水平上具有统计显著性。

## 6.4.4　安慰剂检验

为进一步排除可能存在的遗漏变量对实验结果有效性的影响，本章进行了安慰剂检验。借鉴阮荣平等（2020）的处理方法，本章在对照组中随机选择4个省份，将这4个省份视为实验组，将剩余的省份视为对照组。如果对照组在玉米"价补分离"政策实施前后存在不同趋势的话，那么将有可能再次出现与表 6-2 相同的估计结果。使用式（6-1）重新估计虚构出来的处理效应，将上述过程重复 100 次。图 6-3 中纵向虚线为真实处理效应水平，可以发现其几乎远离主要分布区间，由此可见，之前得到的玉米"价补分离"政策对农民可支配收入的影响只有在小概率下是一个随机结果。

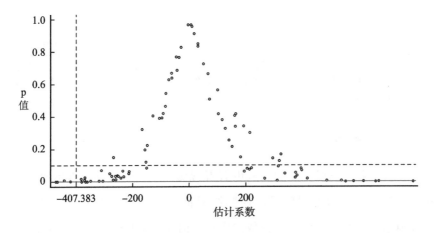

图 6-3  安慰剂检验

### 6.4.5  稳健性检验

基准回归结果基本证实了本章的研究假设，但仍存在一些潜在的因素可能会对本章的推断产生影响。为进一步进行稳健性检验，本章作以下处理：一是加入遗漏变量；二是改变样本容量；三是考虑同期干扰政策影响。结果见表 6-4。

表 6-4 稳健性检验

| 变量名 | 模型（1） | 模型（2） | 模型（3） |
| --- | --- | --- | --- |
| | 农民可支配收入 | 农民可支配收入 | 农民可支配收入 |
| 玉米"价补分离"政策 | -547.023 *** <br> （-3.072） | -259.165 * <br> （-1.960） | -1 217.640 ** <br> （-2.326） |

续表

| 变量名 | 模型（1） | 模型（2） | 模型（3） |
|---|---|---|---|
| | 农民可支配收入 | 农民可支配收入 | 农民可支配收入 |
| 非农就业率 | -31.612 *** <br> (-2.611) | | |
| 政策#同期干扰政策 | | | 41.700 * <br> (1.796) |
| 控制变量 | 已控制 | 已控制 | 已控制 |
| 观测值 | 190 | 180 | 190 |
| $R^2$ | 0.991 | 0.994 | 0.991 |

注：（1）此表根据式（6-1）报告了玉米"价补分离"政策与农民可支配收入之间的关系。（2）控制变量、时间固定效应和省份固定效应的估计结果省略。（3）括号中为稳健的 T 统计量，***、**和*分别表示在1%、5%和10%的水平上具有统计显著性。

### 1. 加入遗漏变量

非农就业与农民可支配收入也有着密切关系，通过加入非农就业率，可以减轻遗漏变量偏误问题。回归结果证实：即使加入了非农就业率，基准模型估计结果的研究结论依然成立。估计结果见表6-4模型（1）。

### 2. 改变样本容量

影响双重模型估计结果的一种潜在因素是对照组的选择，本章将不受玉米收储改革影响的省份均作为对照组。为了检验这一做法的稳定性，本章从种植行为相似角度来选择对照组，剔除玉米种植面积比重较小的省份，表6-4模型（2）估计结果显示，基础估计结果的研究结论未发生变化。

### 3. 考虑同期干扰政策影响

同期其他政策也会影响农民收入，本章考察了东北三省一区同时进行的工业供给侧结构性改革的干扰政策。2016年4月，《中共中央 国务院关于全面振兴东北地区等老工业基地的若干意见》出台，其中主要举措是深入推进结构性去产能，大力破除无效供给，东北三省一区作为重工业基地，第二产业增加值和第二产业就业人数不仅同比出现了显著下降，且降幅也明显大于其他省份。因而，本章以第二产业就业人数来代表该政策，表6-4模型（3）估计结果表明，即使考虑同期干扰政策影响，玉米"价补分离"政策对农民可支配收入的抑制作用仍然显著。

## ▶ 6.5 影响机制分析

前文研究已经显示，玉米"价补分离"政策对农民可支配收入具有统计水平上的显著抑制作用，呈现出差异性的动态变化。但是，为什么玉米"价补分离"政策会对农民可支配收入产生抑制作用？这一影响机制是什么？本节将回答这些问题。为了洞察政策的黑箱机制，本节在上述理论分析的基础上，参考谢等（Xie et al.，2022）的做法，将被解释变量依次替换为经营性收入、转移性收入和工资性收入等，从收入结构视角探讨其影响的作用机制。估计结果见表6-5。估计结果表明，在玉米"价补分离"政策实施前，各项收入的回归结果均不显著，同样也满足平行趋势假定。

表6-5 玉米"价补分离"政策对不同来源收入的影响

| 变量 | 模型（1）经营性收入 | 模型（2）转移性收入 | 模型（3）工资性收入 |
|---|---|---|---|
| pre_3 | -84.764（-0.388） | -82.594（-0.373） | -94.803（-0.448） |
| pre_2 | -42.125（-0.216） | -16.634（-0.088） | 82.191（0.548） |
| current | -435.825**（-2.407） | 463.862***（2.984） | -349.717**（-2.052） |

续表

| 变量 | 模型（1） | 模型（2） | 模型（3） |
| --- | --- | --- | --- |
| | 经营性收入 | 转移性收入 | 工资性收入 |
| $post\_1$ | −550.199 *** <br> （−2.919） | 544.260 *** <br> （3.982） | −341.242 ** <br> （−2.510） |
| $post\_2$ | −381.494 ** <br> （−2.042） | 422.193 *** <br> （3.014） | −543.481 *** <br> （−3.634） |
| $post\_3$ | −446.500 ** <br> （−2.005） | 555.069 *** <br> （3.554） | −564.646 *** <br> （−3.592） |
| $post\_4$ | 133.766 <br> （0.634） | 328.948 * <br> （1.823） | −697.700 *** <br> （−3.890） |
| $post\_5$ | 375.801 * <br> （1.754） | 341.386 * <br> （1.807） | −1 106.991 *** <br> （−4.604） |
| $post\_6$ | 466.030 * <br> （1.857） | 141.776 <br> （0.666） | −1 383.846 *** <br> （−5.334） |
| 控制变量 | 已控制 | 已控制 | 已控制 |
| 观测值 | 190 | 190 | 190 |
| $R^2$ | 0.982 | 0.953 | 0.977 |

注：（1）此表根据式（6-1）报告了玉米"价补分离"政策对农民不同收入的影响。（2）控制变量、时间固定效应和省份固定效应的估计结果省略。（3）括号中为稳健的 T 统计量，*** 、** 和 * 分别表示在 1%、5% 和 10% 的水平上具有统计显著性。

从表 6-5 模型（1）可以看出，玉米"价补分离"政策在实施的第 1~7 年显著抑制了经营性收入增长，此后政策的负向影响消失，并转为显著的正向影响。这可能是因为玉米"价补分离"政策实施以后，2016~2019 年玉米价格持续低迷，且始终低于政策实施前的价格，导致该地区农民的经营性收入随之大幅下降。随着玉米价格回升政策对经营性收入的影响逐渐消失以及玉米价格的进一步回升，政策显著促进了经营性收入增长。

从表 6-5 模型（2）可以看出，玉米"价补分离"政策在实施的第 1~7 年显著增加了转移性收入，但此后政策效果开始消失。玉米"价补分离"

政策建立的玉米生产者补贴制度，在政策实施前期能够有效增加农民的转移性收入，到了政策实施后期，由于玉米价格回升，相应的生产者补贴金额也随着下降，玉米"价补分离"政策对转移性收入的促进作用也逐渐消失。

从表6-5模型（3）可以看出，玉米"价补分离"政策实施以来对工资性收入造成了显著且持续的负向影响。这说明玉米"价补分离"政策抑制了工资性收入增长，这可能是因为玉米"价补分离"政策冲击了第一产业相关农副食品加工业等产业，该地区农副食品用工人数出现了明显且持续的缩减，2022年东北三省一区的农副食品平均用工人数较2015年缩减了58.50%，其他省份则下降了30.40%。

从政策作用机制来看，玉米"价补分离"政策显著抑制了经营性收入和工资性收入增长，但却显著促进了转移性收入增长；数量上，转移性收入增加在一定程度上弥补了经营性收入下降，而工资性收入下滑则是抑制农民可支配收入增长的重要原因。

## ▶ 6.6　本章小结

本章聚焦粮食价格市场化改革背景下玉米"价补分离"政策对农民收入的影响，基于19个玉米主产区2013～2022年的省级面板数据，采用双重差分模型，从收入结构视角系统考察政策对农民收入的影响及其作用机制，并进一步检验了政策动态效应。主要结论如下。

第一，从平均效应来看，玉米"价补分离"政策显著抑制了东北三省一区农民可支配收入。

第二，从动态效应来看，玉米"价补分离"政策对东北三省一区农民可支配收入增长的抑制影响先增强后消失。政策对农民可支配收入增长的抑制效应在短期显著，在长期并不显著。

第三,从政策作用机制来看,玉米"价补分离"政策显著抑制了经营性收入和工资性收入增长,但却显著促进了转移性收入的增长;数量上,转移性收入的增加在一定程度上弥补了经营性收入的下降,而工资性收入下滑则是抑制农民可支配收入增长的重要原因。

# 第7章

# 玉米"价补分离"政策的
# 全要素生产率促进效应

提高玉米全要素生产率是玉米"价补分离"政策的重要目标，既有研究表明，要素市场化配置改革和增加补贴均能够提升玉米全要素生产率（朱满德等，2015；朱满德和张琪等，2020），那么，玉米"价补分离"政策能否提高玉米全要素生产率？影响机制又是什么？在省际差异的背景下，各省份的变化特征是否存在差异？提高全要素生产率是中国农业供给侧结构性改革的重要内容，有必要就政策对玉米全要素生产率的影响和作用渠道进行分析，进一步拓展政策评估维度。

## ▶ 7.1  问题的引出

党的二十大报告提出，"高质量发展是全面建设社会主义现代化国家的首要任务"，提高全要素生产率是高质量发展的动力源泉。在粮食生产领域，受耕地面积减少、水资源短缺和农村青壮年劳动力大量流失等现实约束，依赖要素使用量增加来提高粮食产量已经难以为继（李明文等，2019），提高粮食全要素生产率的重要作用日益凸显。近年来，政府以深化农业供给侧结构性改革为主线，提高粮食全要素生产率，推动农业高质量发展。玉米"价补分离"政策是农业供给侧结构性改革的第一场硬仗，2016 年国家把在东北三省一区实施多年的玉米临时收储政策调整为"市场化收购加补贴"的新机制。东北三省一区担负着国家粮食安全"压舱石"和"稳定器"的重要职责，2015 年该地区玉米种植面积占全国玉米总播种面积的 41.08%，研究该政策究竟能否提高东北三省一区玉米全要素生产率，在理论层面，对于科学、准确地评估政策效果以及后续政策完善具有十分重要的借鉴和指导意义；在应用层面，对于推动东北三省一区玉米产业高质量发展、保障国家粮食安全具有重要的现实意义。

梳理相关文献可知，学者们从政策效果和作用机制层面就玉米"价补分离"政策对玉米全要素生产率的影响开展了较为系统的研究。从总体效果来看，玉米"价补分离"政策提高了玉米全要素生产率（朱满德和张琪，2020；叶锋等，2022）；从影响机制来看，政策主要通过资源配置效应、成本效应、财富效应和资源透支效应等渠道影响玉米全要素生产率（朱满德等，2015；廖进球和黄青青，2019；朱满德和张琪，2020；叶锋等，2022）。进一步看，既有研究还存在以下不足：第一，双重差分模型虽然是当前政策评估的主流方法，但由于其对未实施政策地区的选择存在偏误，容易高估政策的影响，[①] 且未能深入分析政策影响的省际差异及其背后原因。尽管国家将东北三省一区作为整体实施玉米"价补分离"政策，但事实上东北三省一区内部存在较大差异。一方面，各省（区）"镰刀弯"地区[②]调减玉米种植面积的差异较大，导致各省（区）玉米种植结构调整力度不尽相同；另一方面，实施政策的环境既是动态

---

[①] 实施玉米"价补分离"政策的东北三省一区玉米全要素生产率偏高，双重差分方法无法消除目标组（政策实施省）这样的内生性问题，故而会高估政策所带来的影响

[②] 东北三省一区纳入"镰刀弯"地区多为东北冷凉区、农牧交错区等区域，各省（区）比重不尽相同。

的也是调适性的，如各省（区）玉米生产者补贴标准等政策响应程度和实施环境的差异及动态变化等，如果忽视政策干预环境的复杂性，仅用平均效果去评估整体政策效果，可能是不全面的甚至是误导的（李志军和张毅，2023）。第二，从影响机制来看，既有文献大多忽视了玉米生产者补贴的作用，然而生产者补贴既是玉米"价补分离"政策的重要内容，又是影响全要素生产率的重要因素。显然，忽视生产者补贴的作用将不利于准确、全面地评估政策效果。那么，以玉米高质量发展为目标，玉米"价补分离"政策是否提高了玉米全要素生产率，通过何种渠道发挥作用？不同省（区）的政策效果是否存在差异？长期效果又如何？回答上述问题，对于科学、准确地评估玉米"价补分离"政策效果，对于进一步完善玉米"价补分离"政策，对于未来推进小麦和水稻的价格市场化改革，都具有十分重要的理论和实践价值。

本章尝试基于 2008～2021 年中国 20 个玉米主产省份的数据，采用非实验评估方法，即合成控制法，评估政策对玉米全要素生产率的整体效果及省际差异。与既有研究相比，本章可能的边际贡献主要体现在三方面：第一，在作用机制上，引入玉米生产者补贴，从而可以更为完整地反映玉米"价补分离"政策的作用机制和影响全貌；第二，在实证分析方法上，采用阿巴迪和加德亚萨瓦尔（Abadie and Gardeazabal，2003）提出的合成控制法，通过对多个控制对象加权以模拟目标地区玉米"价补分离"政策实施前的情况，克服了以往实证方法在选择控制对象时可能出现的样本选择偏误和政策内生性问题，可以更加客观地评估玉米"价补分离"政策效果；第三，在应用上，不同于以往研究对整个东北三省一区政策效果进行平均化处理，本章有针对性地构建了每一个省（区）的控制对象，以区别反映该政策在不同省（区）的效果，并进一步探究其原因。

## ▶ 7.2 玉米"价补分离"政策影响全要素生产率的分析框架与研究假说

从全要素生产率的内涵和驱动力来看,玉米"价补分离"政策一方面能够提高要素合理配置效率进而提高玉米全要素生产率,这可能是因为市场化改革能够优化资源配置从而改善种植结构,减轻资源透支对粮食生产效率造成的负向影响(廖进球和黄青青,2019),从而提高玉米全要素生产率;另一方面,政策还增加了生产者补贴,能够在不引起市场扭曲和效率损失的情况下提高玉米全要素生产率(朱满德等,2015)。此外,由于全要素生产率本质上代表的是投入产出效率,如果政策能够明显拉低玉米生产机会成本而对产出没有显著影响,那么玉米全要素生产率也会增长(叶锋等,2022)。因此,该政策之所以能够发挥作用,可能的影响机制包括以下几个方面。

第一,资源配置效应。资源配置效应是指玉米"价补分离"政策会通过调减各省(区)"镰刀弯"地区玉米种植面积,提高当地总体玉米单产水平进而提高玉米全要素生产率。自 2008 年东北三省一区实施玉米临储政策以来,"镰刀弯"地区的玉米种植面积增加较多,这些扩张的玉米种植面积主要是通过侵占林地、草地和湿地实现的。"镰刀弯"地区自然条件较差,且长期种植玉米,导致东北三省一区玉米单产水平作为整体"被平均"后出现下降,降低了玉米全要素生产率(朱满德和张琪,2020)。玉米"价补分离"政策的主要任务就是调减"镰刀弯"地区玉米种植面积,加之东北三省一区玉米售价大幅下跌,政策实施当年玉米售价就下降到 1.20 元/千克,① 较 2015 年的 1.65 元/千克,跌幅达到了

---

① 根据《全国农产品成本收益资料汇编》数据整理,采用农产种植业产品生产价格指数(基期=2010 年)进行平减。

27.50%，而且此后 3 年（2017～2019 年），东北三省一区玉米售价仍然低于 2015 年玉米临时收储政策时期的水平，导致东北三省一区内的 "镰刀弯" 地区玉米种植面积持续下降，玉米单产水平 "被平均" 下拉的状况由此得到了改善，整体产出水平有所提高，玉米全要素生产率也随之增长。

第二，财富效应。既有研究表明，综合性收入补贴能够提高农民收入水平和财富水平，增强农民农业生产要素投入能力，还可能会促使农民采用新技术，促进技术进步，从而提高玉米全要素生产率（朱满德等，2015；李江一，2016；高鸣和魏佳朔，2022）。关于玉米生产者补贴，国家负责核算东北三省一区各省（区）的补贴总额，由地方确定具体补贴标准。具体地，中央财政对有关省（区）的补助额度根据当年亩均补贴水平与基期各省（区）玉米种植面积测算确定，且东北三省一区的补贴水平保持一致。中央财政将拨付至东北三省一区的省级财政，由省（区）自主安排，并允许调剂不超过 10% 的资金用于种植结构调整，而在实际执行过程中，除内蒙古外，其他三省都调剂了 10% 的资金用于种植结构调整。类似地，玉米生产者补贴一方面可能会增加玉米生产过程中的劳动力、土地、化肥和农业机械等要素投入数量，提高生产效率，从而有利于粮食增产；另一方面，还会引导玉米生产者采用新技术（如玉米新品种、玉米精播等），优化各生产要素投入配比，从而对提升玉米单产发挥积极作用。

第三，成本效应。成本效应是指玉米 "价补分离" 政策会通过优化土地、劳动和资本的投入，从而影响玉米全要素生产率。在政策对产量无显著影响的情况下，通过改善要素市场扭曲状况，降低生产成本，从而提高玉米全要素生产率。玉米 "价补分离" 政策实施后，东北三省一区玉米生产的人工成本连续 4 年下降，种子和化肥的费用连续 5 年下降，玉米种植农场的土地租金也显著下降（蔡颖萍和杜志雄，2020）。可见玉米 "价补分离" 政策实施后，玉米生产成本明显下降。此外，土地租金下降可能对规模经营有显著的促进作用（文长存等，2017），有助于提升规模化经营，进而提高玉米全要素生产率。

综上所述，玉米"价补分离"政策通过资源配置效应、财富效应和成本效应等共同提高玉米全要素生产率，而且伴随着政策持续深化，玉米价格逐渐回升，财富效应、资源配置效应和成本效应仍在发挥作用，因而，政策提高玉米全要素生产率的作用具有持续性。据此，提出以下假设。

**H7.1**：玉米"价补分离"政策能够提高玉米全要素生产率。

**H7.2**：玉米"价补分离"政策提高玉米全要素生产率的作用具有持续性。

**H7.3**：玉米"价补分离"政策通过资源配置效应、财富效应和成本效应来提高玉米全要素生产率。

此外，东北三省一区内部各省（区）实施政策的环境不尽相同，而且实施政策的环境也是动态变化的。例如，内蒙古全额发放生产者补贴，其标准要高于其他三省，导致该地区财富效应更为明显；黑龙江自然灾害较政策实施前持续加重，政策实施前 5 年平均受灾率为 12.28%，而政策实施后 5 年受灾率高达 22.52%，自然灾害是抑制该省玉米全要素生产率提升的重要因素，可能导致政策对玉米全要素生产率的提升作用被低估。据此，提出以下假设。

**H7.4**：玉米"价补分离"政策对玉米全要素生产率的影响存在地区异质性。

## ▶ 7.3 研究设计和数据来源

### 7.3.1 合成控制法

本章利用阿巴迪和加德亚萨瓦尔（2003）提出的合成控制法来估计

政策效果。该方法通过数据驱动的方式对多个控制组对象进行加权，构造一个与目标完全类似的"合成控制地区"，具有诸多优势：第一，通过数据确定各控制对象权重，在较大程度上减少了主观选择的误差，有效避免了政策内生性问题；第二，可以模拟出每个控制对象相对应的合成控制对象，避免平均化评价；第三，通过多个控制对象加权来模拟目标对象政策实施前的情况，既可以清晰反映各个控制对象的权重，也可以避免过分外推（苏治和胡迪，2015）。

给定 $M+N$ 个省（区）在 $t \in \{1, T\}$ 期内的玉米全要素生产率数据，其中第 $N$ 个试点地区或试点省（区）实施了玉米"价补分离"政策，其他 $M$ 个省（区）没有实施玉米"价补分离"政策，假定 $t = T_0$ 为试点地区或试点省（区）实施玉米"价补分离"政策的时间节点，对应的该地区实施玉米"价补分离"政策的年份是 2016 年。其中，$TFP_{it}^N$ 表示第 $i$ 个省（区）在 $t$ 时期没有实施玉米"价补分离"政策时的玉米全要素生产率；$TFP_{it}^I$ 表示第 $i$ 个省（区）在 $t$ 时期实施玉米"价补分离"政策时的玉米全要素生产率。则 $[1, T_0]$ 期内各省（区）玉米全要素生产率不受玉米"价补分离"政策影响，$TFP_{it}^I = TFP_{it}^N$；玉米"价补分离"政策实施后，即 $[T_0+1, T]$ 期内，则 $\alpha_{it} = TFP_{it}^N - TFP_{it}^I$ 可以表示实施玉米"价补分离"政策所带来的玉米全要素生产率的变化。本章参考阿巴迪等（2010）的做法，采用因子模型来估计 $TFP_{it}^N$，模型为：

$$TFP_{it}^N = \delta_t + \theta_t Z_t + \sigma_t \mu_t + \varepsilon_{it} \tag{7-1}$$

其中，$\delta_t$ 表示固定时间效应；$Z_t$ 为可观测的（$J \times 1$）维协变量，表示不受玉米"价补分离"政策影响的控制变量；$\theta_t$ 为（$1 \times J$）维未知参数向量；$\sigma_t$ 表示（$1 \times K$）维观测不到的共同因子，$\mu_t$ 是（$K \times 1$）维不可观测的省级固定效应；$\varepsilon_{it}$ 表示各省（区）不能观测的短期冲击，假设在省级层面满足均值为 0。为了得到玉米"价补分离"政策的影响效应 $\alpha_{it}$，合成控制法对没有实施玉米"价补分离"政策的 $M$ 个省（区）以权重向

量 $W = (\omega_2, \cdots, \omega_M, \omega_{M+N})$ 进行加权合成模拟,满足 $\omega_p \geq 0$,$p = 2, \cdots, M$,$M + N$,要求权重均为正数,并且 $\omega_2 + \cdots + \omega_{M+N} = 1$。向量 $W$ 加权可得:

$$\sum_{p=2}^{M+N} \omega_p TFP_{pt} = \delta_t + \theta_t \sum_{p=2}^{M+N} \omega_p Z_t + \alpha_t \sum_{p=2}^{M+N} \omega_p \mu_t + \sum_{p=2}^{M+N} \omega_p \varepsilon_{it} \quad (7-2)$$

假设存在一个向量组 $W^* = (\omega_2^*, \cdots, \omega_M^*, \omega_{M+N}^*)$ 满足式(7-3):

$$\sum_{p=2}^{M+N} \omega_p^* TFP_{p1} = TFP_{11}, \sum_{p=2}^{M+N} \omega_p^* TFP_{p2} = TFP_{12}, \cdots,$$

$$\sum_{p=2}^{M+N} \omega_p^* TFP_{T_0} = TFP_{1T_0}, \sum_{p=2}^{M+N} \omega_p^* Z_p = Z_1 \quad (7-3)$$

如果 $\sum_{p=2}^{T_0} \sigma_t' \sigma_t$ 为非奇异矩阵,则有:

$$TFP_{it}^N - \sum_{p=2}^{M+N} \omega_p \times TFP_{pt} = \sum_{p=2}^{M+N} \omega_p \times \sum_{s=1}^{T_0} \sigma_t \left( \sum_{n=1}^{T_0} \sigma_n' \sigma_n \right)^{-1} \sigma_s' (\varepsilon_{ps} - \varepsilon_{1s})$$

$$- \sum_{p=2}^{M+N} \omega_p \times (\varepsilon_{pt} - \varepsilon_{1t}) \quad (7-4)$$

在一般条件下,如果式(7-4)右边的均值趋近于 0,当 $T_0 < t \leq T$ 时,以 $\sum_{p=2}^{M+N} \omega_p \times TFP_{pt}$ 作为 $TFP_{it}^N$ 的无偏估计,得到玉米"价补分离"政策效果的估计值为:

$$\widehat{\alpha}_{1t} = TFP_{it}^N - \sum_{p=2}^{M+N} \omega_p \times TFP_{pt}, t \in [T_0 + 1, \cdots, T] \quad (7-5)$$

求取 $\widehat{\alpha}_{1t}$ 的关键是找到使式(7-3)成立的权重 $W^*$,借鉴刘友金和曾小明(2018)的做法,用近似解来确定合成控制向量 $W^*$。选择最小化 $H_1$ 和 $H_0 W$ 之间的距离 $|H_1 - H_0 W|$ 来确定权重 $W^*$,其表达式为:$\| H_1 - H_0 W \|_v = \sqrt{(H_1 - H_0 W)' V (H_1 - H_0 W)}$。$H_1$ 是实施玉米"价补分离"政策前各省(区)的 $(m \times 1)$ 维特征向量;$H_0$ 是 $(m \times N)$ 维矩阵,$H_0$ 的第 $i$ 列为第 $i$ 个试点省(区)实施玉米"价补分离"政策前相应的特征向量。$V$ 是一个 $(m \times m)$ 维的对称半正定矩阵,$V$ 的最优选择是赋予 $H_1$ 和

$H_0$ 一个合理的权重，以确保合成控制值的均方误差最小化。

## 7.3.2　玉米全要素生产率的测算

DEA 方法无须设定函数的具体形式就可以测出效率值，主要分为规模收益不变的 CCR 模型和规模收益可变的 BCC 模型。参考丁琪等（2021）的做法，考虑到存在规模收益递增或递减的情况，本章选用 BCC-DEA 模型。Malmquist 指数法被广泛应用到农业全要素生产效率测算中（李明文等，2019；李欠男等，2019；顾晟景和周宏，2022；叶锋等，2022），该方法主要采用面板数据测量全要素生产效率变化，将全要素生产率（*TFP*）分为技术效率变化（*EFF*）和技术进步（*TEC*），并且进一步将 EFF 分解为纯技术效率（*PEC*）和规模效率（*SEC*），构建模型如下：

$$M(x^t, y^t, x^{t+1}, y^{t+1}) = \frac{D^t(x^{t+1}, y^{t+1})}{D^t(x^t, y^t)} \times \frac{D^{t+1}(x^{t+1}, y^{t+1})}{D^{t+1}(x^t, y^t)}$$

$$= \frac{D^{t+1}(x^{t+1}, y^{t+1})}{D^t(x^t, y^t)} \times \left[ \frac{D^t(x^{t+1}, y^{t+1})}{D^{t+1}(x^{t+1}, y^{t+1})} \times \frac{D^t(x^t, y^t)}{D^{t+1}(x^t, y^t)} \right]^{1/2}$$

$$(7-6)$$

其中，$(x^t, y^t)$ 和 $(x^{t+1}, y^{t+1})$ 分别为 $t$ 时期和 $t+1$ 时期的玉米投入量和产出量，$D^t$ 和 $D^{t+1}$ 分别为 $t$ 时期和 $t+1$ 时期以技术为参照的距离函数，故 $TFP = EFF \times TEC = PEC \times SEC \times TEC$，若 $TFP$ 大于 1，意味着全要素生产率提高。

借鉴朱满德等（2015）测算玉米全要素生产率的做法，本章的产出变量为每亩玉米产量，投入变量包括每亩玉米生产的种子用量、化肥施用量、用工数量和机械作业费。其中，为消除价格因素的影响，机械作业费使用农业生产资料价格指数平减。

### 7.3.3 变量说明

#### 1. 被解释变量

本章的被解释变量为玉米全要素生产率变化指数。本章采用 DEA-Malmquist 指数方法,利用 DEAP2.1 软件测度的各省(区)玉米全要素生产率水平,参考叶锋等(2022)的做法,将其转化为以 2009 年为基期的 TFP 累计增长指数,并对其取自然对数。

#### 2. 核心解释变量

本章的核心解释变量为玉米"价补分离"政策。借鉴阮荣平等(2020)的做法,本章设定两个虚拟变量及其交乘项,其中一个虚拟变量表示是否受政策影响,另一个虚拟变量表示政策发生时间,二者交乘项的估计系数即为玉米"价补分离"政策的效果。

#### 3. 机制变量

以上分析认为玉米"价补分离"政策主要通过资源配置效应、财富效应和成本效应起作用。为研究政策作用机制,本章参考了廖进球和黄青青(2019)以及叶锋等(2022)的研究思路。首先,选取玉米种植结构变量来衡量资源配置效应。玉米种植结构采用玉米种植面积占农作物播种面积的比值来表示。其次,选取每亩玉米现金收益与玉米生产者补贴之和得到的每亩玉米总收益来衡量财富效应。这是因为在玉米"价补分离"政策情景下,生产者补贴转化为玉米总收益的重要部分,只有兼顾两者才能充分体现财富效应。之所以选择现金收益,是因为该变量符合中国农村留守老人和留守妇女种粮较多的现实情况,不考虑土地成本和雇工费用但扣除物质投入和服务的剩余情况,更能代表农民种粮收益

（李国祥，2021）。最后，选择每亩玉米的总成本来分析成本效应。

### 4. 控制变量

对全要素生产率的相关成果进行梳理后发现，全要素生产率往往会受到机械化水平、自然条件、灌溉条件和经济发展水平等因素影响。为此，参考既有研究（廖进球和黄青青，2015；刘超等，2018；李明文等，2021；刘成坤，2021；罗斯炫等，2022），本章选取单位农机动力、有效灌溉率、受灾率、玉米种植面积、一产比重、人均GDP、农民人均经营性收入和农村人口老龄化作为预测变量。此外，既往研究也常常将政策实施前被解释变量的均值作为控制变量，借鉴刘友金和曾小明（2018）的做法，本章引入2009～2015年玉米全要素生产率作为预测变量。

本章中以货币形式衡量的变量都采用对应价格指数进行平减，转化为以2000年为基期的不变价数值。各变量的具体定义见表7-1。

表7-1                    变量选取及说明

| 变量 | 变量含义及单位 | 均值 | 标准差 | 最小值 | 最大值 |
|------|----------------|------|--------|--------|--------|
| **被解释变量** | | | | | |
| 玉米全要素生产率变化指数 | 2009年为基期TFP累计增长指数，并取自然对数 | 4.56 | 0.38 | 2.26 | 5.31 |
| **核心解释变量** | | | | | |
| 玉米"价补分离"政策 | 政策实施地区与时间的交乘项 | 0.10 | 0.30 | 0.00 | 1.00 |
| **机制变量** | | | | | |
| 玉米种植结构 | 玉米种植面积/农作物播种面积（%） | 28.60 | 17.26 | 5.86 | 71.78 |
| 玉米总收益 | 玉米现金收益加生产者补贴（元/亩） | 427.63 | 127.76 | 146.87 | 823.46 |
| 玉米总成本 | 玉米生产总成本（元/亩） | 541.56 | 130.17 | 275.44 | 993.89 |

续表

| 变量 | 变量含义及单位 | 均值 | 标准差 | 最小值 | 最大值 |
|------|----------------|------|--------|--------|--------|
| **控制变量** | | | | | |
| 单位农机动力 | 农机总动力与农作物播种面积之比（kW/亩） | 0.39 | 0.14 | 0.18 | 0.88 |
| 有效灌溉率 | 有效灌溉面积与农作物总播种面积之比（%） | 38.91 | 15.11 | 17.20 | 104.37 |
| 受灾率 | 受灾面积占农作物播种面积的比重（%） | 16.58 | 12.21 | 0.41 | 69.18 |
| 玉米种植面积 | 当年玉米种植面积（万亩） | 2 989.15 | 2 338.13 | 322.62 | 11 041.72 |
| 一产比重 | 第一产业产值占地区生产总值的比重（%） | 11.13 | 4.13 | 4.02 | 25.27 |
| 人均 GDP | 人均地区生产总值（元） | 11 741.74 | 3 803.49 | 4 620.97 | 27 331.06 |
| 农民人均经营性收入 | 农民人均经营性净收入（元） | 3 132.09 | 1 066.96 | 1 239.32 | 6 501.75 |
| 农村人口老龄化 | 农村 65 岁及以上人口与乡村人口总数之比（%） | 12.89 | 4.62 | 5.02 | 27.46 |

注：（1）人均 GDP 和农民经营性收入未进行对数化处理，但后文的实证分析中均取自然对数。（2）对于有效灌溉率高于 100% 的情况，本章已做核实。

资料来源：国家统计局官网、《中国农村统计年鉴》、《全国农产品成本收益资料汇编》和笔者搜集。

## 7.3.4 数据来源

基于数据的可获得性和连续性，本章以河北、山西和内蒙古等 20 个玉米主产省（区）为研究对象，研究时间跨度设定为 2008～2022 年。《全国农产品成本收益资料汇编》仅采集这 20 个省（区）的玉米单位面积投入产出数据，既有省级层面玉米全要素生产率的数据也多来自该数据库。样本地区 2022 年玉米种植面积为 63 198.53 万亩，占当年全国玉米种植面积的 97.83%，数据代表性较强。其他变量数据来源于国家统计局官网、历年《中国统计年鉴》、历年《中国农村统计年鉴》和笔者搜集。其中，2017～2020年的玉米生产者补贴数据参考了王新刚和司伟（2021）的研究；2016年、2021年和2022年的玉米生产者补贴除黑龙江省是全省统一标准外，其他三省（区）补贴标准由笔者搜集媒体相关报道，根据各省（区）2～5个县（旗）的平均值计算得到。针对部分省（区）部分年份数据缺失的情况，本章采用线性差值法将其补齐。

## ▶ 7.4　玉米"价补分离"政策影响玉米全要素生产率的实证分析

本章采用合成控制法，通过如下步骤系统检验了玉米"价补分离"政策对玉米全要素生产率的影响：一是检验政策对东北三省一区的整体效果；二是考察分省（区）的政策效果；三是采用安慰剂检验实证结果的稳健性。

### 7.4.1　玉米"价补分离"政策效果的总体评估

合成控制法的有效性可采用实施玉米"价补分离"政策之前的相关统计数据来进行验证。表7-2列出了东北三省一区控制变量的实际值与合成预测值。可以看到，在政策实施前，基于最优权重组合构建的合成控制值和实际值的差异，除受灾率和玉米种植面积差异比较大外，其他变量差异都比较小，且RMSPE[①]值为0.006。这说明合成权重组合是有效的，为构建"未受玉米'价补分离'政策影响"的反事实结果

------

① 均方预测误差的平方根（root mean square prediction error, RMSPE）衡量了一个地区与其合成控制对象之间的拟合程度，数值越小，表示拟合效果越好。

提供了基础。

表7-2 合成控制法构建指标结果对比

| 变量 | 东北三省一区 | | 控制省（区）均值 |
|---|---|---|---|
| | 实际值 | 合成值 | |
| 单位农机动力 | 0.30 | 0.30 | 0.41 |
| 有效灌溉率 | 35.43 | 37.25 | 39.58 |
| 受灾率 | 24.08 | 15.89 | 15.36 |
| 玉米种植面积 | 5 706.01 | 2 510.59 | 2 226.81 |
| 一产比重 | 14.22 | 13.52 | 10.42 |
| 人均 GDP 的对数值 | 9.34 | 9.16 | 9.32 |
| 农民人均经营性收入的对数值 | 8.18 | 7.74 | 7.90 |
| 农村人口老龄化 | 9.20 | 12.66 | 12.91 |
| 玉米全要素生产率（2009～2015 年） | 4.80 | 4.80 | 4.48 |

资料来源：《中国统计年鉴》、《全国农产品成本收益资料汇编》、《中国农村统计年鉴》和国家统计局官网。

图7-1 报告了东北三省一区及其合成地区的玉米全要素生产率演变路径，其中，垂直虚线代表实施玉米"价补分离"政策的年份。图7-1（a）为玉米全要素生产率的实际值和合成值，图7-1（b）为政策的"净效应"。从图7-1 可知，东北三省一区在玉米"价补分离"政策实施之前，其玉米全要素生产率实际值与合成值之间的拟合程度较好，说明合成控制法较好地描述了政策施行之前的原貌。从政策效果来看，玉米"价补分离"政策对玉米全要素生产率的作用是正向的，使玉米全要素生产率平均提高了 15.29%；动态结果表明，政策对玉米全要素生产率影响在政策实施第 1 年并不显著，但在随后 6 年中，政策的提升作用显著。与叶锋等（2022）研究得出的政策效果滞后 2 年的结论略有不同，本章认为政策的滞后效果较短，仅有 1 年。

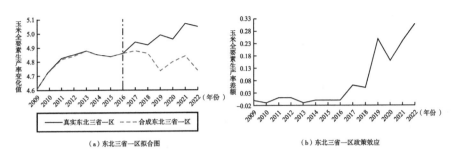

（a）东北三省一区拟合图　　　　　　　（b）东北三省一区政策效应

**图7-1　总体政策效应的估计**

## 7.4.2　玉米 "价补分离" 政策效果的分省（区）评估

为分析东北三省一区内部政策影响的差异，本章进一步合成了东北三省一区每个省（区）的理论值，从而分析各省（区）的政策效果。表7-3给出了该地区各省（区）对应的合成省（区）权重。

表7-3　　　　　　　　合成控制省份中控制组省份的权重

| 省（区） | 合成省（区） | 权重 | 合成省（区） | 权重 | 合成省（区） | 权重 | 合成省（区） | 权重 | 合成省（区） | 权重 | 合成省（区） | 权重 |
|---|---|---|---|---|---|---|---|---|---|---|---|---|
| 黑龙江 | 四川 | 0.58 | 山东 | 0.42 | | | | | | | | |
| 内蒙古 | 四川 | 0.77 | 新疆 | 0.23 | | | | | | | | |
| 吉林 | 四川 | 1.00 | | | | | | | | | | |
| 辽宁 | 山西 | 0.55 | 四川 | 0.21 | 江苏 | 0.15 | 湖北 | 0.06 | 河南 | 0.02 | 新疆 | 0.01 |

本章使用Stata18.0程序包进行权重估计，得出了2009~2022年处理组4个省（区）与对应的合成控制省（区）的玉米全要素生产率。结果如图7-2所示，其中纵向虚线代表国家实施玉米 "价补分离" 政策的年份。结果表明：东北三省一区各省（区）在政策实施前，代表玉米全要素生产率变化指数的实线和代表对应合成控制省（区）的虚线差异较小，且黑龙江、内蒙古、吉林和辽宁的RMSP值分别为0.013、0.020、0.098和0.052，数值较小。这表明合成控制组能较好拟合政策实施之前的处理

组省（区），但政策实施后，各省（区）的玉米全要素生产率变化指数与对应合成控制省（区）相比，呈现出不同的发展趋势。

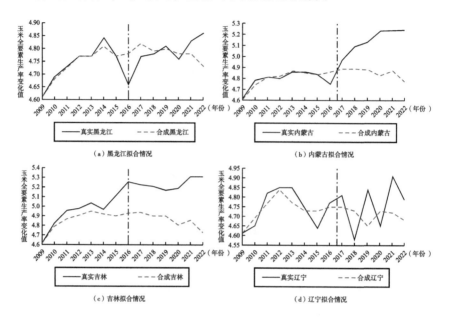

图7-2 东北三省一区各省（区）及其合成控制省（区）的玉米全要素生产率

黑龙江拟合情况表明，玉米"价补分离"政策提高了玉米全要素生产率，政策效果存在波动。政策实施3年（2016~2018年）来，表现出明显的抑制作用，可能的解释是2016~2018年黑龙江自然灾害频发，阻碍了玉米全要素生产率增长。2016~2018年的年均受灾率为22.43%，而政策实施之前5年（2011~2015年）平均受灾率仅为12.28%。可见，自然灾害导致玉米单产大幅下降，极大地弱化了政策的提升作用。政策实施第4年（2019年），随着玉米种植结构调整优化、玉米生产成本明显下降，政策对玉米全要素生产率的影响由负转正。但是，2020年玉米全要素生产率再次下降，这可能是因为黑龙江玉米种植结构持续调整，玉米种植面积比重为37.96%，较2015年下降了13.58%，规模经营可能受到影响，再加之当年黑龙江玉米生产投入明显增加，从而抑制了玉米全要素生产率增长。2021年和2022年，玉米全要素生产率显著提高，可能是因为这两年受灾率分别仅为 5. 52% 和 0. 64% ，玉米单产大幅提高，从而提高了玉米全要素生产率。

内蒙古拟合情况表明，玉米 "价补分离" 政策对玉米全要素生产率的影响呈现出先抑制后提高的态势。其中，政策实施第 1 年出现明显抑制作用，可能的解释是，政策实施第 1 年时内蒙古自然灾害明显，2016 年玉米单产下降到 458. 56 千克/亩，较上年下降了 13. 13% ，使政策提高玉米全要素生产率的作用被低估。此后 6 年，玉米全要素生产率明显提高，可能的解释是内蒙古大幅调减了第四、五积温带的 "镰刀弯" 地区玉米结构，玉米整体单产逐年上升，再加上内蒙古生产者补贴标准高，玉米总收益高，财富效应更为明显。这与梁爽（2020）的研究结论相一致。

吉林的拟合情况表明，玉米 "价补分离" 政策持续提高了玉米全要素生产率。可能的解释是，随着粮食价格市场化改革的推进，玉米生产的人工成本、种子、化肥和农业机械投入等生产成本波动下降，再加上生产者补贴标准较高，玉米总收益偏高，玉米全要素生产率得以持续提高。

辽宁的拟合情况表明，玉米全要素生产率变化指数与合成值曲线在政策实施后相互交叉，意味着玉米 "价补分离" 政策效果正负向摆动。可能的解释是，辽宁受自然灾害影响较为频繁，使该省玉米单产出现大幅波动，导致政策对该省玉米全要素生产率的影响难以分析。具体地，2017 年、2019 年和 2021 年辽宁玉米全要素生产率明显增长，可能的解释是这 3 年受自然灾害影响小，玉米单产较为稳定。尽管 2017 年的受灾率为 22. 76% ，但是成灾率仅为 7% ，2019 年和 2021 年的受灾率分别为 7. 71% 和 5. 52% ，这 3 年玉米单产同比均有所增长。可见，在自然灾害影响不大的情况下，政策提高玉米全要素生产率的作用明显。2018 年和 2020 年的玉米全要素生产率明显下降，可能是因为 2018 年和 2020 年的受灾率分别达到了 34. 88% 和 30. 83% ，导致玉米单产分别下降到 372. 81 千克/亩和 386. 58 千克/亩，分别较上年下降 21. 32% 和 17. 69% 。可见，受自然灾害的干扰,政策对玉米全要素生产率的影响明显被低估。

### 7.4.3 安慰剂检验

根据合成控制法结果,虽然本章发现真实东北三省一区及该区域内部各省(区)玉米全要素生产率样本与合成控制组存在显著差异,但这种差异究竟是实施玉米"价补分离"政策所导致的,还是偶然现象?为排除偶然性和其他因素的干扰,本章将通过随机置换和时间安慰剂两种方法对合成控制法的估计结果进行稳健性检验。本章以东北三省一区为例,进行安慰剂检验,其余省(区)检验结果由于篇幅所限不再一一列出。

#### 1. 随机置换检验

随机置换方法的稳健性检验原理是假设玉米"价补分离"政策效果不显著,然后在对照组样本省(区)中随机抽取一个省(区),假设该省(区)实施了玉米"价补分离"政策,然后采用合成控制法估计该省(区)实施玉米"价补分离"政策的效果,如果该省(区)玉米全要素生产率变化真实值与合成值的正向差异很大,甚至超过东北三省一区与合成东北三省一区之间的差异,就不能证明玉米全要素生产率增长是实施玉米"价补分离"政策所引起的,反之则不能拒绝玉米"价补分离"政策带来的显著政策效果。在控制对象选择上,借鉴王立勇和常清(2020)的做法,考虑到两种权重较为极端的情况进行对比分析,一种是合成东北三省一区中权重最大的四川,另一种是权重为零的河北。从图7-3可以看出,四川和河北在玉米"价补分离"政策实施前后两年的真实玉米全要素生产率始终沿着合成值的走势而变化,也就是说,真实玉米全要素生产率与合成值之间的波动幅度较小。这在一定程度上证明了玉米"价补分离"政策会影响玉米全要素生产率变化,并不存在其他共同的偶然因素影响玉米全要素生产率变化。

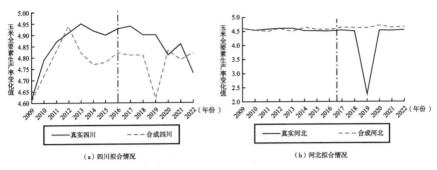

（a）四川拟合情况 （b）河北拟合情况

图7-3 随机置换检验

## 2. 时间安慰剂检验

本章还进行了时间安慰剂检验，以检验政策效果。借鉴张琛和孔祥智（2017）的做法，将政策实施时间前移，具体地，将东北三省一区实施玉米"价补分离"政策时间由实际发生的 2016 年推前到 2012 年，重新采用合成控制法检验实施玉米"价补分离"政策对玉米全要素生产率的作用效果。估计结果如图7-4所示。图7-4显示，无论在政策干预之前或以后，合成东北三省一区的玉米全要素生产率与实际值较为相似，这表明假想的 2012 年东北三省一区实施玉米"价补分离"政策对玉米全要素生产率并没有产生任何效应。

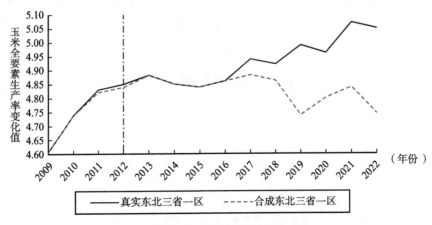

图7-4 时间安慰剂检验

## ▶ 7.5 影响机制检验

根据前文理论分析，本章将分别从资源配置效应、财富效应和成本效应三个方面检验玉米"价补分离"政策对玉米要素生产率的影响机制。本章构建了双向固定效应模型来分析政策的作用机制：

$$Y_{st} = \alpha + \beta_1 Treat_s \times Time_t + \varphi X_{st} + \mu_s + \lambda_t + \varepsilon_{st} \qquad (7-7)$$

其中，$Y_{st}$ 表示被解释变量；$Treat_s \times Time_t$ 表示玉米"价补分离"政策；$s$ 和 $t$ 分别表示对应的省（区）和年份；$X_{st}$ 表示其他可能影响玉米全要素生产率的控制变量，包括单位农机动力、有效灌溉率、受灾率、玉米种植面积、一产比重、人均 GDP 的对数值、农民人均经营性收入的对数值和农村人口老龄化变量；$\alpha$ 表示截距项；$\mu_s$ 表示个体固定效应；$\lambda_t$ 表示时间固定效应；$\varepsilon_{st}$ 表示随机误差项。

常见研究因果关系作用渠道的做法是提出中介变量，如果理论上这些变量和被解释变量的因果关系比较直观，可以不必采用正式的因果推断手段来研究从中介变量到被解释变量的因果关系（江艇，2022）。参考叶锋等（2022）的做法，本章分别将玉米种植结构、玉米总收益、玉米总成本等变量作为中介变量，检验政策的资源配置效应、财富效应和成本效应，并将上述中介变量作为被解释变量进行回归分析，观测政策是否对上述变量产生影响。回归结果如表 7-4 所示。

表 7-4　　　玉米"价补分离"政策作用机制的中介效应检验

| 变量 | 玉米种植结构 | 玉米总收益 | 玉米总成本 |
|---|---|---|---|
| "价补分离"政策 | -1.475 ** | 69.444 *** | -27.941 * |
|  | (-2.480) | (3.305) | (-1.749) |
| 控制变量 | 控制 | 控制 | 控制 |
| 观测值 | 280 | 280 | 280 |
| $R^2$ | 0.795 | 0.721 | 0.729 |

注：括号内数值为 T 值，\*\*\* 、\*\* 和 \* 分别表示在 1%、5% 和 10% 的水平上具有统计显著性；控制变量包括单位农机动力、有效灌溉率、受灾率、玉米种植面积、一产比重、人均 GDP 的对数值、农民人均经营性净收入的对数值和农村人口老龄化变量，时间固定效应和个体固定效应省略。

从资源配置效应来看，政策对玉米种植结构的影响系数为 −1.475，且在 5% 的统计水平上显著，这表明玉米"价补分离"政策显著缩减了玉米种植结构。数据也表明，玉米"价补分离"政策实施以后，东北三省一区玉米种植面积明显缩减，2016 年的玉米种植面积较 2015 年减少了 1 603.83 万亩。随着东北三省一区玉米种植结构持续调整优化，玉米低产出地区的玉米种植面积大幅缩减，玉米总体单产和效率均有所提高。

从财富效应来看，政策对玉米总收益的影响系数为 69.444，且在 1% 的统计水平上显著，这表明玉米"价补分离"政策会增加玉米总收益，与叶锋等（2022）的研究结果一致。玉米生产者补贴能够在一定程度上弥补玉米价格下降给农民造成的损失，增强其后续生产投资能力，并且随着玉米价格逐渐回升，农民财富也随之增长。一方面，农民会增加机械投入，从而提高玉米全要素生产率；另一方面，农民有能力采用新品种、新机械等技术进步成果，更加积极加强田间管理，通过标准化、专业化生产，提高土地出产率。

从成本效应来看，政策对玉米总成本的系数为 −27.941，且在 10% 的统计水平上显著，这表明玉米"价补分离"政策会显著降低玉米生产成本。一方面，在产出变化不大的情况下，政策能够降低玉米生产成本从而提高玉米全要素生产率；另一方面，玉米生产成本降低，还有助于促进规模经营发展，提高生产效率。

## ▶ 7.6　本章小结

本章基于 DEA-Malmquist 指数测算了 2009～2022 年 20 个玉米主产省（区）玉米全要素生产率变动情况，并采用合成控制法，分析玉米"价补分离"政策对玉米全要素生产率的影响及省际差异，最后揭示了政策作用机制。主要结论如下。

第一,从整体上看,玉米"价补分离"政策能够提高玉米全要素生产率,使东北三省一区的玉米全要素生产率平均增加了 15.29%;动态结果表明,尽管第 1 年政策效果并不明显,但在随后 6 年中,政策的提升作用明显。

第二,玉米"价补分离"政策对提高玉米全要素生产率的作用存在地区异质性。政策对玉米全要素生产率的提升作用在内蒙古和吉林长期显著,而在黑龙江和辽宁的提升作用呈现波动,波动变化的原因是,当黑龙江和辽宁受自然灾害影响较大时,政策对玉米全要素生产率的提升效应明显被低估。

第三,影响机制检验结果表明,玉米"价补分离"政策主要通过资源配置效应、财富效应和成本效应提高玉米全要素生产率。

# 第8章
## Chapter 8

# 玉米"价补分离"政策的
# 规模经营稳定性冲击效应

玉米"价补分离"政策实施以后，玉米价格和种植收益双双下降，这也导致规模经营的持续发展受到影响。农业适度规模经营是实现农业现代化的重要途径，粮食市场价格波动是影响规模经营群体稳定的重要因素（张士云等，2019），东北三省一区的土地流转比重高，土地规模经营农户比重大（何秀丽和刘文新，2019），因此，玉米"价补分离"政策对规模经营稳定性的冲击尤为明显。因此，从规模经营稳定性视角评估政策效果，有助于进一步拓展政策效果的维度，是全面评估玉米"价补分离"政策效果不可或缺的重要环节，研究结论也能为协调玉米"价补分离"政策与发展适度规模经营的发展方向提供科学决策依据。

## ▶ 8.1　问题的引出

培育相对稳定的规模种植户群体是中国发展粮食适度规模经营的有

力抓手，更是保障国家粮食安全的重要基石。黄季焜在 2021 年"中国农村发展高层论坛"上提出，种植业必须向"二八定律"转变，逐步形成 20% 的规模户，才能保障粮食安全。[①] 尽管农户规模经营的整体发展态势良好，但从短期看，粮食种植户群体之间以及内部频繁更迭调整的现象不容忽视。2016 年以来，很多调研表明，规模户"跑路""毁约弃耕"等失约现象常有发生（习银生，2017；潘林青和叶婧，2017）。从长远来看，粮食种植户群体更迭调整过频有可能影响规模户培育的整体稳定性，且不利于农业生产效率提高和土地资源配置优化。虽说"毁约弃耕"或"逆势接盘"是市场自动调节的正常表现，但如果上述现象不是个案，那么势必将对我国粮食安全的基本大盘产生侵蚀。

在推进粮食收储市场化改革的同时，如何减少因改革引致粮价剧烈波动而对规模经营户群体造成的误伤显得格外重要。尽管玉米"价补分离"政策在取消玉米临储政策的同时，还建立了玉米生产者补贴制度，对东北三省一区玉米生产者给予一定财政补贴，并强调发放给实际种植者，但是玉米"价补分离"政策导致玉米市场不稳定程度在增加（李显戈，2019），当年东北三省一区玉米价格大幅下降，而且由于生产者补贴制度刚开始实施，玉米实际种植户较难获得（张崇尚等，2017），再加之该地区玉米种植比重高、土地流转比重高（何秀丽和刘文新，2019），使该地区土地规模经营稳定性受到一定冲击。东北三省一区作为中国最大的商品粮基地，不仅担负着国家粮食安全"压舱石"和"稳定器"的重要职责，而且是大规模经营的聚集区，如果玉米"价补分离"政策不能兼顾当地规模经营群体稳定发展，未来东北三省一区谁来种粮的问题将会逐步凸显，影响到国家粮食安全的长远格局。

然而，有关玉米"价补分离"政策影响粮食种植群体稳定性的研究

---

[①] 黄季焜在"中国农村发展高层论坛（2021）——聚焦农民农村共同富裕"上的主题演讲。

相对匮乏。有研究认为，政策实施后，东北三省一区规模户收益大幅减少甚至亏损，出现退租现象（张磊和李冬艳，2017；李娟娟和沈淘淘，2018），阮荣平等（2020a）基于全国层面的家庭农场数据，在研究玉米"价补分离"政策对玉米种植面积的影响时，发现玉米种植面积下降的主要原因是土地经营面积的减少，而且这种影响存在明显的规模异质性，规模户缩减玉米种植面积和土地经营面积都更为明显（丁永潮等，2022）。事实上，为防止价格下降对农户的冲击，政策实施之初就强调补贴要发放给实际种植者，然而玉米生产者补贴还是存在"错位"，即补贴由土地承包者而非土地经营者获得（张崇尚等，2017），也不足以弥补农户损失。

既有研究为后续探索奠定了良好基础，但仍有诸多改进空间。一是玉米"价补分离"政策对土地规模经营的影响多为现象描述或背后的机制分析，而对玉米"价补分离"政策与土地规模经营之间关系缺少系统性研究。二是补贴是政策的重要内容，但多数研究并未将补贴实际获得情况纳入分析框架，也就难以准确刻画玉米"价补分离"政策的作用机理。三是在农户分化日益加深的背景下，鲜有研究进一步探讨玉米"价补分离"政策对不同规模户影响及作用机理的异质性。那么，玉米"价补分离"政策在深化粮食价格市场化改革的同时，能否通过玉米生产者补贴有效兼顾保障规模经营的稳定发展？在规模户内部出现分化的背景下，政策效果又有何不同？这些问题均有待进一步实证检验。

基于此，本章尝试利用黑龙江、河南和四川三省规模户 2014 年和 2017 年两期追踪调查数据，探讨玉米"价补分离"政策与土地规模经营稳定性的内在联系，揭示玉米价格和生产者补贴获得作为中介的影响机理，并对政策效果的规模异质性及其原因展开分析，以期从土地规模经营稳定性视角，丰富和拓展政策效果，并从培育稳定的规模经营群体视角，提出进一步完善玉米"价补分离"的政策建议。

## ▶ 8.2　玉米"价补分离"政策影响规模经营稳定性的作用机理与研究假说

根据政策内涵,本章将从取消玉米临储政策和新增玉米生产者补贴这两条举措出发,分析政策对土地规模经营稳定性的影响。

如图 8-1 所示,机制上,一方面,玉米临储政策取消通过降低玉米价格导致规模户收益大幅下降,进而冲击土地规模经营稳定性。首先,玉米价格大幅下降导致规模户损失严重,难以维持土地规模经营。以黑龙江为例,一是因为黑龙江土地租金大多年初支付,2016 年的土地租金实际是在 2015 年玉米收益较高的情形下确定的,相对较高,但 2016 年玉米价格大幅下降,玉米售价同比下降 27.50%,远高于全国 6.64% 的降幅,从而导致部分规模户亏损严重,难以维持土地经营规模;二是规模户经营过程中利润偏低且受风险冲击大,规模户普遍缺乏仓储设施,粮价售价较低(徐建玲等,2018),而且土地经营规模的扩大也会加大规模户的绝对损失(徐志刚等,2017),再加上规模户家庭总收入中农业收入占比更高,农业收入下降导致规模户的损失较大(王建军等,2012)。其次,玉米售价持续低迷,市场风险增大。玉米价格大幅下降以后,即使进行作物调整,农户的收益也明显下降,规模经营获得较高收益的环境发生改变,部分规模户缩减土地面积甚至退出农业领域。

另一方面,生产者补贴因"错位"现象导致其对土地规模经营稳定性的作用有限。理论上,玉米生产者补贴能够减少玉米售价大跌对农民种粮收益的冲击,从而保障土地经营规模稳定性,但是从补贴的实际发放来看,补贴"错位"现象普遍存在(Huang et al.,2011,2013),实际玉米种植户未必能获得补贴。规模户以转入土地为主,更是难以获得生产者补贴,因此,生产者补贴对土地规模经营稳定性的作用有限。

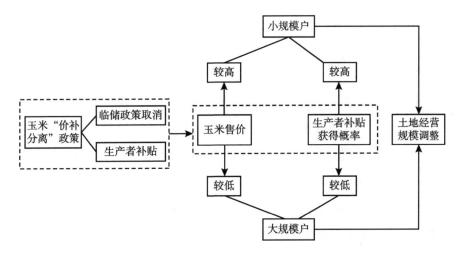

**图8-1 玉米"价补分离"政策对规模经营稳定性影响的机理分析**

总体上看,玉米"价补分离"政策不仅导致玉米价格下降,且生产者补贴未能有效保障规模户种粮收益,导致规模户土地规模经营稳定性受到冲击。而且由于规模异质性,大规模户的玉米销售价格可能下降更多,且获得补贴的概率更低,导致其稳定性受政策的冲击更为明显。根据上述分析,本章提出如下研究假说。

**H8.1**:玉米"价补分离"政策会冲击规模户的土地规模经营稳定性。

**H8.2**:生产者补贴因"错位"现象导致其对规模户土地规模经营稳定性的作用有限。

**H8.3**:政策效果存在规模异质性,玉米"价补分离"政策会降低大规模户的土地规模经营稳定性,而对小规模户的影响并不显著。

## 8.3 研究方法、变量设定与数据来源

### 8.3.1 研究方法

#### 1. 双重差分模型

本章引入双重差分模型来考察玉米"价补分离"政策对土地规模经营的影响。要研究该政策对土地规模稳定性的影响,需要比较东北三省一区和其他地区规模户政策实施前后两个时间段土地经营规模的变化。双重差分模型通过构造受政策影响的"实验组"和其他没有受政策影响的"对照组",并通过控制其他因素,比对政策发生后实验组和对照组之间的差异,从而检验政策效果。

鉴于此,本章以黑龙江为实验组,以河南和四川为对照组。玉米"价补分离"政策($Treat$)反映农民是否受政策影响,取值为1代表该户受政策影响,取值为0代表该户未受政策影响;用改革时间($Time$)反映政策实施进程,实施玉米"价补分离"政策当年及以后取值为1,否则为0。为了检验政策效果,本章设立玉米"价补分离"政策实施地区和时间的交乘项($Treat \times Time$),以衡量政策对土地规模经营的影响,为了更好地估计政策效果,本章还控制了文献中确立的影响土地规模经营的农户家庭特征、农业生产特征和社会经济特征等因素,模型形式如下:

$$Y_{ist} = \beta_0 + \beta_1 Treat_i \times Time_t + \delta X_{ist} + \mu_i + \lambda_t + \varepsilon_{it} \qquad (8-1)$$

其中,$i$、$s$和$t$分别表示对应的规模户、省份和年份,$Y_{ist}$表示规模户土地规模经营稳定性,$X_{ist}$表示其他可能影响土地规模经营的控制变量,$\mu_i$和$\lambda_t$分别表示个体固定效应和时间固定效应,$\beta_0$和$\varepsilon_{it}$分别表示截距项和随机误差项。

## 2. 双重差分模型适用性检验

应用双重差分模型需要满足两个假设前提:一是政策的随机分组;二是政策实施前黑龙江与河南、四川规模户在土地规模变化上具有相同趋势。

第一,政策的随机分组。前文已经对政策的随机分组进行了两次检验,这里不再赘述。

第二,共同趋势假设。本章在两轮调研的时候还搜集了前 3 年土地经营规模数据,参照郑新业等(2011)的做法,以规模户土地规模差分值为被解释变量,以是否是改革区作为解释变量,分析规模户在政策实施前(2011~2015 年)的土地规模变化,回归结果见表 8-1。结果说明,东北的黑龙江和四川、河南等其他省份规模户的土地经营规模在政策实施前没有显著差异,政策的外生性假设得到进一步支持。

**表 8-1　玉米"价补分离"政策实施前两组土地规模经营差值回归**

| 项目 | 规模户土地经营规模差值 |
| --- | --- |
| 是否东北三省一区 | 33.660<br>(1.517) |
| 常数项 | 12.765<br>(0.956) |
| 观测值 | 1148 |

注:括号内数值为 z 值。

## 8.3.2　变量设置

### 1. 被解释变量

本章的被解释变量为农户土地规模与上年的差值。借鉴施海波等(2019)以土地经营面积变化反映农户经营行为的做法,本章不是采用农户实际面积,而是采用农户经营土地面积的变化值,更能够体现土地经营的稳定性。

### 2. 核心解释变量

玉米"价补分离"政策包含玉米临储政策取消和生产者补贴实施两个措施,考虑到玉米生产者补贴普遍存在"错位"现象,分别设置玉米"价补分离"政策和生产者补贴获得两个变量。玉米"价补分离"政策采用政策实施地区和时间的交乘项来表示。就本章而言,政策实施地区为黑龙江省,非政策实施地区为河南省和四川省;政策实施时间为2016年及之后。

### 3. 机制变量

玉米"价补分离"政策通过玉米售价影响规模户土地规模经营决策,本章选择上年玉米售价变量来代表政策对价格的影响;为准确地刻画"价补分离"政策情景下生产者补贴的作用,本章借鉴宫斌斌和郭庆海(2021)对生产者补贴归属的设置,根据自有地比重、玉米种植面积和转入地获得补贴三个变量确定生产者补贴获得状况。

### 4. 控制变量

农户土地规模经营稳定性往往还与农户家庭特征、农业生产特征和社会资本等状况相关。借鉴马瑞等(2011)和苏卫良等(2016)的做法,本章选取家庭规模和非农就业两个变量代表农户家庭特征;借鉴文长存等(2017)以及沈琼和李家家(2020)的做法,选取转入地租金、经营权期限、经营规模和生产性资产四个变量代表农业生产特征。借鉴文长存等(2017)的做法,社会资本选取农业保险变量;参考徐志刚等(2017)的做法,村庄特征选择受灾情况和村庄规模经营程度两个变量,为推动规模经营发展,各地也出台了支持规模经营的补贴政策,因此,本章选取村庄层面的规模户补贴变量；省级特征选择各省耕地面积变量。本章主要变量的描述性统计结果见表 8-2。

表 8-2　　　　　　　　　　变量说明及描述性统计

| 变量 | 变量含义及赋值 | 2014 年 | | 2017 年 | |
|---|---|---|---|---|---|
| | | 均值 | 标准差 | 均值 | 标准差 |
| **被解释变量** | | | | | |
| 土地经营规模稳定性 | 土地经营规模与上年的差值（亩） | 18.55 | 35.97 | 8.31 | 34.27 |
| **核心解释变量** | | | | | |
| 玉米"价补分离"政策 | 政策实施地区和时间的交乘项 | 0 | 0 | 0.36 | 0.48 |
| **机制变量** | | | | | |
| 上年玉米售价 | 上年玉米出售价格(元/千克) | 2.12 | 0.17 | 1.59 | 0.35 |
| 生产者补贴获得 | 1＝未获得；2＝部分获得；3＝全获得 | 1.00 | 0 | 1.14 | 0.41 |
| **控制变量** | | | | | |
| 家庭规模 | 家庭人口数（人） | 4.65 | 1.68 | 4.37 | 1.77 |
| 非农就业 | 非农劳动力数量（人） | 1.10 | 1.14 | 1.24 | 1.14 |
| 转入地租金 | 转入地租金（元/年） | 4.38 | 2.89 | 3.76 | 2.96 |
| 经营规模 | 上年经营耕地面积（亩） | 143.70 | 716.84 | 179.75 | 583.04 |
| 农地经营权期限 | 年 | 2.82 | 5.26 | 4.53 | 8.92 |
| 农业机械化 | 家庭拥有农机现值取对数 | 8.95 | 2.94 | 9.54 | 2.67 |
| 农业保险 | 是否购买农业保险（1＝是；0＝否） | 0.43 | 0.50 | 0.61 | 0.49 |
| 村庄规模经营补贴 | 村内是否有规模经营补贴（1＝是；0＝否） | 0.38 | 0.49 | 0.31 | 0.46 |
| 受灾情况 | 近三年村内是否有减产大于 10% 的水旱灾（1＝是；0＝否） | 0.34 | 0.47 | 0.45 | 0.49 |
| 村庄规模经营程度 | 村庄规模经营面积占耕地总面积的比重（%） | 0.26 | 0.29 | 0.32 | 0.28 |
| 省级耕地面积 | 省级耕地面积（万亩） | 15 623.09 | 6 227.74 | 15 596.23 | 6 225.81 |

资料来源：作者根据调研数据和《中国农村统计年鉴》数据整理。

表 8-2 给出了主要变量的描述性统计结果。可以看到，在土地经营规模稳定性方面，农户的土地经营规模扩张趋势开始下降，户均扩张规模从 2014 年的 18.55 亩下降到 2017 年的 8.31 亩。

从玉米价格来看，玉米价格明显下降，从 2013 年的 2.12 元/千克下降到了 2016 年的 1.59 元/千克。从转入地生产者补贴实施来看，2017 年获得玉米生产者补贴的规模户较少，黑龙江省规模户占总样本的近 30%，而获得玉米生产者补贴的概率增加有限。可见，相当大一部分黑龙江规模户虽然转入土地种植玉米，但未必能够获得玉米生产者补贴。

在家庭特征方面，其一，家庭劳动力数量下降，户均家庭劳动力数量从 2014 年的 4.65 人下降到 2017 年的 4.37 人，说明农村地区家庭小型化趋势明显；其二，非农就业小幅增加，从 2014 年的 1.10 增加到了 2017 年的 1.24，随着工业化、城市化的发展，农村大量劳动力向城市转移，家庭劳动力也多向非农部分转移。在农业生产特征方面，其一，土地租金出现下降，随着亩均收益的下降，土地租金也出现了一定程度的下降；其二，农户经营规模小幅增加；其三，土地租期略有增加，从 2014 年的 2.82 年增加到 2017 年的 4.53 年；其四，农业固定资产有所增加，随着土地经营规模的扩张，农户也会通过购买农业机械来提升自身机械化水平；其五，随着农村金融的发展，农业保险的比重也有所增加。

在村级特征方面，村庄发放规模补贴的概率下降，村庄受灾情况有所增加，村庄的规模经营比重也小幅增加。在省级特征方面，省级耕地面积小幅下降。

### 8.3.3 数据来源

本章使用数据包括农户层面微观数据和省级层面宏观数据。其中，微观层面的农户数据来自 2015 年和 2018 年赴黑龙江、河南和四川三省

12市（县）92村对312户粮食生产规模户过去一年家庭农业经营情况的连续追踪调查数据。调查所覆盖的区域分别位于我国东北、华中和西南区域，涉及平原、山地和丘陵等多种地形，区域异质性较强，且能较为广泛地反映我国大部分地区的农业生产实际情况，增强了研究结论的普适性。调查时首先采用分层抽样法在各省随机选定县、乡、村各级调查区域，再随机抽取各村的入户访谈对象，并搜集村庄层面信息，增强了样本的可靠性和代表性。本章在总样本中保留86个村庄287户种植玉米的规模户追踪数据，由于土地规模经营变化极端值可能会严重影响回归结果，本章采用WINSORIZE处理对土地规模经营变化2.5%的极端值进行双边截尾处理。宏观数据来自《中国农村统计年鉴》。

## ▶ 8.4　玉米"价补分离"政策影响农户土地经营规模稳定性的实证分析

### 8.4.1　规模户土地经营规模稳定性的描述性分析

表8－3给出了样本地区玉米"价补分离"政策实施前（2013～2014年）和实施后（2016～2017年）规模户的土地规模变化情况。总的来看，政策实施以后，规模户土地规模缩减的比重明显增加。分地区来看，东北三省一区规模户缩减户数的比重从2014年的5.00%增至2017年的18.00%，虽然增长幅度偏小，但土地规模缩减幅度更为明显，达到114.94亩，其他省份缩减户数的比重虽然偏高，但是缩减幅度有所减缓。可见，政策对东北三省一区规模经营的稳定发展造成了较大的负面影响。与此同时，尽管规模户的土地规模扩张速度大幅下降，但仍然有相当一部分规模户选择扩大土地规模，这可能是因为2017年土地租金是在2016年玉米收益大幅下降时确定的，相对较低，2016年收益受

损较小且对玉米价格预期上涨的规模户可能会"逆势接盘"。当然，描述性分析并不能揭示政策与土地规模经营之间的因果关系，还需要借助计量方法进行实证检验。

表8-3                            规模户土地规模经营变化趋势

| 地区 | 指标 | 政策实施前 | | | 政策实施后 | | |
|---|---|---|---|---|---|---|---|
| | | 扩张 | 不变 | 缩减 | 扩张 | 不变 | 缩减 |
| 东北三省一区 | 样本农户数（户） | 66.00 | 33.00 | 5.00 | 34.00 | 52.00 | 18.00 |
| | 占比（%） | 63.46 | 31.73 | 4.81 | 32.69 | 50.00 | 17.31 |
| | 户均变动面积（亩） | 87.31 | | -42.40 | 164.60 | | -114.94 |
| 非改革区 | 样本农户数（户） | 82.00 | 96.00 | 5.00 | 29.00 | 121.00 | 33.00 |
| | 占比（%） | 44.81 | 52.46 | 2.73 | 15.85 | 66.12 | 18.03 |
| | 户均变动面积（亩） | 57.94 | | -117.50 | 76.48 | | -22.07 |

资料来源：调研数据，因对样本进行截尾处理，用于分析样本与总样本不一致。

## 8.4.2 玉米"价补分离"政策影响土地规模经营稳定性的回归结果

表8-4给出了玉米"价补分离"政策影响规模户土地规模的双重差分回归结果。结果表明，玉米"价补分离"政策系数为-17.167，在5%的统计水平上显著为负，说明玉米"价补分离"政策显著降低了黑龙江规模户土地规模经营稳定性，规模户土地经营规模变化出现了明显缩减。统计数据支持H8.1。这与阮荣平等（2020）的研究结论较为一致。可能的解释是，规模户的农业利润低以及受农业风险冲击大，而且黑龙江省土地租金在年初一次性支付，导致规模户收益严重受损后无力维持土地规模经营，此外，玉米售价持续走低，打破了玉米售价高位运行下形成的土地规模经营高收益的预期，规模户倾向于缩减土地规模经营。

表8-4　玉米"价补分离"政策对土地规模经营影响的估计结果

| 变量 | 土地经营规模稳定性 | |
| --- | --- | --- |
| | 模型1 | 模型2 |
| 玉米"价补分离"政策 | -17.912*** | -17.167** |
| | (-3.002) | (-2.476) |
| 家庭规模 | | 0.785 |
| | | (0.564) |
| 非农就业 | | -2.342 |
| | | (-1.150) |
| 转入地租金 | | 2.157** |
| | | (2.146) |
| 经营规模 | | 0.001 |
| | | (0.008) |
| 经营权期限 | | -0.337 |
| | | (-1.352) |
| 生产性资产 | | -2.211 |
| | | (-1.434) |
| 农业保险 | | -0.203 |
| | | (-0.056) |
| 村庄规模经营补贴 | | -5.918 |
| | | (-1.187) |
| 灾害情况 | | 12.774** |
| | | (2.352) |
| 村庄规模经营程度 | | 48.342** |
| | | (2.303) |
| 省级耕地面积 | | -0.252 |
| | | (-1.093) |
| 常数项 | 14.824*** | 3880.063 |
| | (9.121) | (1.094) |
| 个体固定效应 | 控制 | 控制 |
| 时间固定效应 | 控制 | 控制 |
| 观测值 | 522 | 522 |
| $R^2$ | 0.616 | 0.653 |

注：括号内数值为T值；***、**和*分别表示在1%、5%和10%的水平上具有统计显著性。

### 8.4.3 安慰剂检验与稳健性检验

#### 1. 安慰剂检验

为进一步排除可能存在的遗漏变量对实验结果有效性的影响，本章借鉴戴翔和宋婕（2021）的处理方法，进行安慰剂检验。本章共有 104 个实验组样本，控制组有 183 个样本，本章从 287 个样本中随机选取 104 个样本作为"伪处理组"，假设这 104 个样本是处理组，其他样本为控制组，然后生成"伪政策虚拟变量"进行回归。对上述过程重复进行 500 次，最后可以绘制出 500 个"伪政策虚拟变量"估计系数的分布及相应的 P 值，结果见图 8 - 2。其中，垂直线为真实的玉米"价补分离"政策效应系数，由图 8 - 2 可见，没有一个伪政策效应可以达到真实政策效应水平，这表明玉米"价补分离"政策对随机抽取的实验组无显著促进效应。

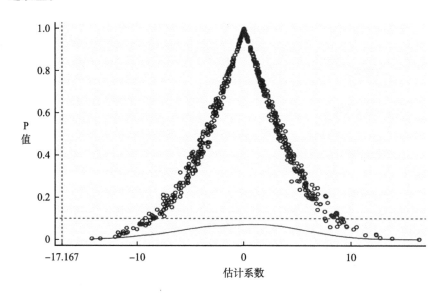

图 8 - 2　安慰剂检验

## 2. 稳健性检验

为进一步检验稳健性，本章作如下处理：一是加入遗漏变量；二是控制同时期政策并行；三是改变样本容量。稳健性检验结果见表8－5。

表8－5　　　　　　　　　　稳健性检验

| 变量 | 稳健性检验 | | |
| --- | --- | --- | --- |
| | 加入遗漏变量 | 控制同行政策 | 改变样本容量 |
| 玉米"价补分离"政策 | － 17.663 *** <br> （－2.615） | － 16.917 ** <br> （－2.507） | － 19.115 ** <br> （－2.559） |
| 村级土地流转率 | 0.082 <br> （0.721） | | |
| 土地确权 | | 0.522 <br> （0.279） | |
| 控制变量 | 已控制 | 已控制 | 已控制 |
| 观测值 | 522 | 522 | 480 |
| $R^2$ | 0.653 | 0.653 | 0.641 |

注：括号内数值为T值，***、** 和 *分别表示在1%、5%和10%的水平上具有统计显著性；其他控制变量同表8－4。

第一，加入遗漏变量。土地流转市场的发展与土地规模有着密切关系，为减轻遗漏变量偏误问题，本章加入村级土地流转率变量。回归结果证实，即使加入遗漏变量，研究结论依然成立。

第二，控制同时期政策并行。2016年，黑龙江省开展了农村土地承包经营权确权工作。土地确权与玉米"价补分离"政策并行，因此需要控制土地确权的影响，进一步提炼玉米"价补分离"政策对土地规模经营的因果关系。结果显示，研究结论依然成立。

第三，改变样本容量。样本中的极端值会影响回归结果。尽管前文已经对规模户土地规模进行了截尾处理，但为了进一步验证前文结论的稳健性，本章删除了2014年玉米种植积较少的规模户，这个结果与基准回归结果一致。

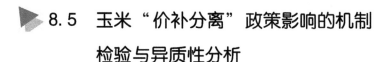

## 8.5 玉米"价补分离"政策影响的机制
## 检验与异质性分析

### 8.5.1 玉米"价补分离"政策影响规模经营稳定性的机制检验

前文分析认为，玉米"价补分离"政策能够冲击黑龙江省土地规模经营稳定性，主要影响机制是玉米售价下降和生产者补贴"错位"。常见研究因果关系作用渠道的做法是提出中介变量，这些变量和被解释变量的因果关系在理论上比较直观，以至于不必采用正式的因果推断手段来研究从中介变量到被解释变量的因果关系（江艇，2022）。因此，本部分从上年玉米售价和生产者补贴获得两个机制具体分析政策对土地规模经营稳定性的影响。

第一，理论分析认为，玉米临储政策取消之后玉米售价大幅下跌，是导致规模户缩减土地规模的重要因素。对此以玉米"价补分离"政策为自变量（下同），以上年玉米售价为因变量，在控制其他影响因素的基础上进行回归，回归结果见表 8 - 6。该政策系数为 - 0.328，且在 1% 的统计水平上显著，这表明与其他非改革省份相比，该政策显著降低了黑龙江省规模户的玉米售价，导致该省规模户种粮收益受损更为严重。

表 8 - 6　　　　玉米"价补分离"政策对土地规模影响机制的估计结果

| 变量 | 上年玉米售价 | 生产者补贴获得 |
| --- | --- | --- |
| 玉米"价补分离"政策 | - 0.328 *** <br> （ - 10.022） | 0.404 *** <br> (6.427) |
| 控制变量 | 已控制 | 已控制 |
| 观测值 | 574 | 574 |
| $R^2$ | 0.928 | 0.642 |

注：括号内数值为 T 值，*** 、** 和 * 分别表示在 1%、5% 和 10% 的水平上具有统计显著性；其他控制变量同表 8 - 4。

第二，尽管国家建立生产者补贴来保障农民种粮合理收益，但是由于补贴"错位"，规模户获得生产者补贴的概率偏低。对此，以生产者补贴获得为因变量，重复上年玉米售价的计量回归流程，得到生产者补贴获得的回归结果，该政策系数为 0.404，且在 1% 的统计水平上显著，这表明政策尽管显著增加了规模户获得补贴的概率，但由于系数较小，这意味着仅有少部分规模户可以获得生产者补贴，玉米生产者补贴对规模户的收入保障作用有限。H8.2 得到验证。

根据基准结果可知，玉米"价补分离"政策所引致的玉米售价大跌和补贴"错位"是抑制土地规模经营稳定发展的主要影响因素，这对完善粮食价格形成机制改革和未来小麦、稻谷等价格形成机制改革具有重要的政策含义，为避免价格市场化改革对土地规模经营的冲击，应当提升补贴的导向性和效能，有力保障农民种粮合理收益。

## 8.5.2　玉米"价补分离"政策影响规模经营稳定性的异质性分析

### 1. 玉米"价补分离"政策对不同规模户影响的异质性

前文分析表明，玉米"价补分离"政策对规模户的影响存在异质性。在前文界定大规模户和小规模户的基础上，进一步检验政策对这两个群体的影响及其机制，回归结果见表 8 - 7。

表 8 - 7　　　玉米"价补分离"政策对不同规模农户异质性回归分析

| 变量 | 小规模户 | 大规模户 |
| --- | --- | --- |
| 玉米"价补分离"政策 | - 8.563<br>( - 1.210) | - 27.097 **<br>( - 2.390) |
| 控制变量 | 控制 | 控制 |
| 经验 P 值 | 19.242 * | 19.242 * |
| 观测值 | 264 | 258 |
| $R^2$ | 0.565 | 0.679 |

注：括号内数值为 T 值，** 、* 分别表示在 5%、10% 的水平上具有统计显著性；控制变量同表 8 - 4。

针对 H8.2 的分组检验过程中，大规模户和小规模户组间的土地规模经营稳定性是否存在显著差异是基本判断依据。借鉴连玉君等（2010）的做法，为克服 Wald 检验的小样本偏误，本章采用自抽样法来进一步检验组间差异的显著性。原假设 $H_0: d_0 = 0$ 即组间的系数不存在显著差异。检验的统计量采用自抽样法计算出的经验 P 值。

估计结果表明，玉米"价补分离"政策导致大规模户土地规模经营稳定性下降更为明显，但对小规模户并无显著影响。在大规模户群体，该政策系数为 $-27.097$，且在 5% 的统计水平上显著，表明大规模户在玉米"价补分离"政策实施后显著缩减土地规模经营，这可能是因为大规模户的农业利润低、获得玉米生产者补贴概率低，导致其受农业政策调整的冲击大。经由自抽样法得到的经验 P 值则进一步证实了不同规模户群体在统计上的显著性：经验 P 值为 19.242，在 10% 水平上显著。H8.3 得到支持，这与丁吉萍等（2021）的研究结论类似。

### 2. 规模异质性农户影响机制的进一步讨论

进一步地，从玉米售价和生产者补贴获得两个角度分析不同规模户土地规模变化差异的原因，估计结果见表 8-8。结果表明，从上年玉米售价来看，相对于小规模户，大规模户的玉米售价下降更为明显，这可能是因为大规模户的粮食产量大，由于仓储条件缺乏，只能在收获时出售粮食，粮食售价偏低。从玉米生产者补贴获得来看，相对于小规模户，大规模户获得玉米生产补贴的概率更低。这也进一步说明大规模户受政策冲击更为明显。

表 8-8 玉米"价补分离"政策对不同规模农户影响机制分析

| 变量 | 小规模户 | | 大规模户 | |
|---|---|---|---|---|
| | 上年玉米售价 | 生产者补贴获得 | 上年玉米售价 | 生产者补贴获得 |
| 玉米"价补分离"政策 | $-0.284^{***}$ | $0.490^{***}$ | $-0.354^{***}$ | $0.391^{***}$ |
| | $(-5.621)$ | $(4.205)$ | $(-8.111)$ | $(4.598)$ |
| 控制变量 | 已控制 | 已控制 | 已控制 | 已控制 |

续表

| 变量 | 小规模户 | | 大规模户 | |
|---|---|---|---|---|
| | 上年玉米售价 | 生产者补贴获得 | 上年玉米售价 | 生产者补贴获得 |
| 观测值 | 270 | 270 | 304 | 304 |
| $R^2$ | 0.920 | 0.656 | 0.942 | 0.652 |

注：括号内数值为 T 值，*** 表示在 1% 的水平上具有统计显著性；其他控制变量同表 8-4。

## 8.6  本章小结

在培育新型农业经营主体和推进适度规模经营的进程中，玉米 "价补分离" 政策对规模户稳定经营产生了较大的冲击。本章利用 2015～2018 年黑龙江、河南和四川三省规模种植户调查数据，采用双重差分模型，系统分析了玉米 "价补分离" 政策对土地经营规模的影响。主要结论如下。

第一，相较于非改革省份，玉米 "价补分离" 政策显著降低了黑龙江规模户土地规模经营稳定性，抑制了该地区土地规模经营的发展。

第二，影响机制分析发现，玉米售价大跌，是规模户缩减土地规模经营的主要原因，由于玉米生产者补贴 "错位"，其对稳定土地规模经营的作用有限。

第三，政策效果存在规模异质性，玉米 "价补分离" 政策显著降低了大规模户土地规模经营稳定性，而对小规模户的影响并不显著。

本章进一步深化和拓展了既有的研究。首先，从规模经营稳定性视角，研究玉米 "价补分离" 政策对土地规模经营稳定发展造成的冲击，有助于更全面地评估玉米 "价补分离" 政策效果；其次，从规模异质性视角，分析了不同规模农户受玉米 "价补分离" 政策影响差异及深层次原因，深化了规模户内部分化的认识；最后，从实际经营补贴获得性的视角，揭示了生产者补贴对土地规模经营的真实影响，检验了生产者补贴发挥作用的前提条件。

# 主要结论与政策建议

▶ ## 9.1 主要结论

本书结果表明,玉米"价补分离"政策短期上基本实现了缩减玉米种植面积、发挥市场机制作用、保障农民收入和提高玉米全要素生产率的既定政策目标,但与此同时,政策也给规模经营稳定性带来了新的风险,而且随着时间的推移和政策干预环境的复杂化,部分政策目标面临新的挑战,如市场调节作用逐渐减弱、政府调控作用逐渐成为主导机制,玉米出现了供给不足的新困境。

第一,农户层面分析表明,玉米"价补分离"政策有助于引导农户显著缩减玉米种植面积。内部看,农户的政策响应存在规模异质性,规模农户玉米种植面积大幅缩减,普通农户种植面积不减反增。

从黑龙江省农户的政策响应来看,玉米"价补分离"政策导致农户玉米种植面积显著缩减,但农户的缩减行为存在明显的规模异质性。从农户规模异质性视角来看,规模户玉米种植面积大幅缩减,普通户玉米种植面积不减反增,这是因为玉米价格大幅下跌对规模户的冲击更为严重,且规模户难以获得玉米生产者补贴,更倾向于缩减玉米种植面积。

从玉米"价补分离"政策的作用机制来看，该政策实施初期，玉米临储政策取消起主要作用，玉米生产者补贴并无影响。这说明玉米临储政策取消导致农户收入大幅下降，引导农户显著缩减玉米种植面积的效果明显，而玉米生产者补贴并未产生预期作用。

第二，省级层面分析表明，玉米"价补分离"政策导致玉米种植面积显著缩减。时间趋势上，政策对玉米种植面积的缩减效应存在明显波动；作用机制上，市场调节的作用趋于弱化，而政府调控已经成为主导机制。

从省级层面的平均效应来看，玉米"价补分离"政策导致玉米种植面积显著下降。从省级层面动态效应来看，玉米"价补分离"政策对玉米种植面积的缩减效应存在时间异质性，政策的缩减效应存在明显波动。从作用机制来看，政策初期，市场调节短暂地促进了玉米种植面积调整，但随着政策深化，政府调控成为影响农户种植行为的主导因素。进一步分析认为，市场调节难以持续优化农业种植结构的深层次原因是国内玉米大豆价格受国际市场影响存在差异，国内玉米大豆比价难以反映真实的供求关系；政府调控为主导的滞后性弊端已经显现，玉米国内外价格倒挂，高产量与高进口的矛盾再次出现。

第三，玉米"价补分离"政策在较大程度上实现了保障农民收益的政策目标，虽然政策抑制了经营性收入增长，但也通过增加转移性收入进行弥补，而工资性收入的下滑是政策抑制东北三省一区农民可支配收入增长的重要原因。

从省级层面的平均效应来看，尽管玉米"价补分离"政策显著抑制了东北三省一区农民可支配收入增长，动态效应表明，政策对农民可支配收入增长的抑制效应在短期显著，在长期上存在波动。影响机制表明，转移性收入的增加在一定程度上弥补了经营性收入的下降，而工资性收入的下滑则是抑制农民可支配收入增长的重要原因。

第四，玉米"价补分离"政策使东北三省一区玉米的全要素生产率显著增加，但政策效应存在波动，且省际间政策效果差异较大。

从整体上看，玉米"价补分离"政策能够提高玉米全要素生产率，使东北三省一区的玉米全要素生产率平均增加了15.29%；动态结果表明，尽管第1年政策效果并不明显，但在随后6年中，政策的提升作用明显。玉米"价补分离"政策提高玉米全要素生产率的作用存在地区异质性。政策对玉米全要素生产率的提升作用在内蒙古和吉林长期显著，而在黑龙江和辽宁的提升作用呈现波动。波动变化的原因是，当黑龙江和辽宁受自然灾害影响较大时，政策对玉米全要素生产率的提升效应明显被低估。影响机制上，玉米"价补分离"政策主要通过资源配置效应、财富效应和成本效应提高玉米全要素生产率。

第五，玉米"价补分离"政策导致规模户规模经营的稳定性下降。内部看，大规模户规模经营的稳定性下降明显，而小规模户经营规模稳定性变化并不显著。

玉米"价补分离"政策使得规模户的土地经营规模出现显著下降。分析发现，该政策尽管会显著降低大规模户的土地经营规模，但对小规模户的影响却不明显。影响机制分析发现，一方面，玉米"价补分离"政策主要通过降低玉米售价来影响土地规模经营稳定性；另一方面，由于补贴"错位"，生产者补贴对稳定土地规模经营影响有限。规模异质性分析发现，大规模户由于玉米售价下降更多、获得玉米生产者补贴概率更低，规模经营稳定性受到的影响更大。

## ▶ 9.2 政策建议

结合本书结论，并借鉴发达国家目标价格政策的成功经验，就未来粮食价格形成机制改革政策制定、玉米生产者补贴政策完善与其他农业政策目标的协调提出相关政策建议。

第一，中央政府要持续深化玉米市场化改革，积极发挥市场价格的引导调节作用，更好发挥政府调控作用。

经济体制改革的核心问题是处理好政府和市场的关系，使市场在资源配置中起决定性作用，更好发挥政府作用。随着中央政府对市场干预的加强，市场机制难以有效发挥作用，玉米种植面积持续缩减，导致玉米产量出现不足。因此，要尊重市场规律，协调农产品比价与农产品综合收益的关系，科学确定玉米大豆生产者补贴标准。同时，要更好发挥政府作用，加大种子产业的研发投入，培育高产稳产、防灾减灾的优良品种；加强新品种的推广，确保玉米单产水平稳定提高。

第二，多举措保障东北三省一区农民收入，减轻粮食市场化改革对农民收入的冲击。

东北三省一区作为中国最大的商品粮基地，保障农民种植收益对保障粮食安全和促进政策可持续发展意义重大。一是制定差异化的支持政策，对于实施粮食市场化改革的东北三省一区，要加大补贴力度，保障农民种粮合理收益，减轻农民在市场化改革中的损失。二是加快推进东北三省一区粮食加工业的发展，延伸农业价值链，提升粮食加工副产物综合利用水平，稳定提高农业相关产业的产值和就业岗位。三是促进东北三省一区农村剩余劳动力转移，提高工资性收入。政府要通过职业技能提升计划，拓宽就业创业渠道，引导农民工外出就业；还要通过发展东北三省一区的县域经济，支持农村创新创业，增加乡村就业。

第三，加强黑龙江和辽宁两省农业基础设施建设，提升其抵御自然灾害的能力。

近年来，极端天气频发，东北三省一区大部分为雨养农业，黑龙江和辽宁受自然灾害频发的影响尤为严重，玉米全要素生产率增长出现明显波动，自然灾害已经成为抑制这两省玉米产业高质量发展的重要制约因素。因此，要通过田间工程建设、小型农田水利建设、完善排灌体系等措施，着力加强黑龙江和辽宁的农田水利建设力度，提升农业抵御自然灾害的能力，保障产出水平稳定。

第四，要健全支持规模经营主体稳定发展的政策体系，提升其有效应对市场变化和政策调整的能力。

规模经营主体在实际经营中面临生产设施用地和资金约束等方面的瓶颈，导致其缺乏仓储设施，引进先进机械、技术、产品的能力不足，因此，要构建支持规模经营主体稳定发展的政策体系，从土地、资金和技术等多方面助力规模经营主体提高效率、增加效益，逐步建立健全针对规模经营农户的信贷、用地和农业保险的政策体系，解决其经营过程中销售、资金和风险保障的瓶颈，从而提升其应对外部冲击的能力。

第五，采取有效措施改善玉米生产者补贴"错位"问题，提高生产者补贴精准度。

玉米生产者补贴"错位"根植于补贴以承包地为依据的历史情境以及按实际种植面积发放补贴面临诸多困难的现实情境。为有效改善补贴"错位"问题，技术上，要充分借助土地确权成果，着力提升基层政策核算能力和效率；在基层执行上，加强对补贴发放工作的监督管理，进行绩效评价。从而提高生产者补贴精准度，让真正的种植者获得生产者补贴。

# 附录 A

## 2018 年农户调查表（节选）

农户编码

## 粮食规模化生产情况研究
## 农户调查表

省：_____

县/市：_____

乡镇：_____

村：_____

被访问人姓名：_____

是否户主：_____

2014 年是否规模户：_____

2017 年是否规模户：_____

与 2015 年被访问人的关系：_____

手机号码：_____

调查员姓名：_____

调查日期：_____

调查员手机号码：_____

查表人员姓名：_____

查表人手机号码：_____

2018 年 8 月

## 表 A  农户家庭人口信息

| 问题代码 | 问题 | 代码 |
|---|---|---|
| A101 | 2017 年您家共有_____个人 | |
| A102 | 家庭成员编号 | |
| A5 | 出生年份 | |
| A1303 | 2017 年是否从事养殖业? | 1 = 是;0 = 否 |
| A1305 | 2014 年是否参加非农工作? | 1 = 是;0 = 否 |

## 表 B  家庭土地信息

| 问题代码 | 问题 | 单位 |
|---|---|---|
| B8012014 | 您家 2014 年种植玉米面积? | 亩 |
| B8012017 | 您家 2017 年种植玉米面积? | 亩 |

## 表 B  家庭土地信息如果 2015 年～2017 年经营土地中有转入土地问下表（与 2014 年相比）

| 批次排序 | B12 土地面积 | B13 当前合约形式 | B14 哪一年签的合同?（或口头约定） | B16 当前合同规定的流转期 | B17 土地租金形式 | B18 2017 年土地租金（实物折价） |
|---|---|---|---|---|---|---|
| | 亩 | 1 = 书面;2 = 口头 | 年份 | 年 | 1 = 现金;2 = 实物;3 = 现金 + 实物;4 = 不收租金;5 = 其他,请说明 | 元/亩 |
| 1 | | | | | | |
| | | | | | | |
| 12 | | | | | | |

### 表 B　家庭土地信息

#### 转入最大地块（B）信息

| 地块编码 | 该地块哪一年转入 | 流转土地采取的约定形式是? | 租金形式是? | 在流转期限内租金是否固定? | 若租金不固定，请问租金如何调 | 2017 年的租金是多少? 实物折算为现金 | 租金支付方式? |
|---|---|---|---|---|---|---|---|
|  | 年份 | 1 = 口头约定；2 = 书面合同 | 1 = 现金；2 = 实物；3 = 现金 + 实物；4 = 不收租金；5 = 其他，请说明 | 1 = 是 => C29；0 = 否 | 1 = 固定租金 + 分成；2 = 租金按固定比例增加；3 = 根据物价变动灵活调整 | 元/亩 | 1 = 合同期内一次性付清；2 = 交部分定金；3 = 一年一付，年初付；4 = 一年一付，年末付；5 = 其他，请说明 |
| 编码 | C16 | C21 | C26 | C27 | C28 | C29 | C30 |
| B（转入土地） |  |  |  |  |  |  |  |

### 表 C　地块基本信息

| 问题代码 | 问题 |  | 答案 |
|---|---|---|---|
| C35 | 转入期间粮食生产支持性补贴谁拿? | 代码一 |  |

代码一：1 = 转入方；2 = 转出方。

### 表 H　投资

#### 2015 ~ 2017 年新增生产性资产情况（农机等）

| 自有农业 | H1 | H2 | H3 | H4 | H5 |
|---|---|---|---|---|---|
| 机械编码 | 资产名称 | 购置时间 | 机械总售价 | 购买时获得补贴 | 预计可以使用多少年 |
|  | （代码一） | 年份 | 元 | 元 | 年 |
|  |  |  |  |  |  |

代码一：1 = 拖拉机，2 = 水泵，4 = 喷雾器，5 = 旋耕机，6 = 播种机，7 = 收割机，8 = 打谷机/脱粒机，9 = 扬场机，10 = 米面磨坊/粮食加工机械，11 = 三轮车/板车等，12 = 仓储设施，13 = 其他，请注明。

表 J  农业保险及相关问题

| 问题代码 | 问题 | | 答案 |
|---|---|---|---|
| J1 | 您家 2017 年是否购买了种植业保险？ | 1 = 是；0 = 否 | |

# 附录 B

## 2018 年村庄问卷（节选）

问卷编码：☐☐☐☐☐☐☐

## 粮食规模化生产情况调研

村庄问卷

| 省： | |
|---|---|
| 县： | |
| 乡（镇）： | |
| 村： | |
| 被访问人姓名： | |
| 被访问人职务： | |
| 被访问人手机号码： | |
| 访问员姓名： | |
| 访问员手机号码： | |

填表说明

1. 问卷所有空格都要按要求填写，并且只填写数字。答案为不知道的话填"999"，文字说明请写在页边空白处。

2. 本调查数据用于研究分析，请务必客观、如实填写，感谢支持和配合！

### 表 A 村土地特征

|  | 问题 | 单位/选项 | 2017 年 |
|---|---|---|---|
| A3 | 村耕地总面积 | 标准亩（667m²） |  |
| A5 | 其中：耕地流转比例 | % |  |

### 表 F 政府或村集体关于规模经营的支持政策（如果有填"1"，无填"0"）

|  | 问题 | 2015 年 | 2016 年 | 2017 年 |
|---|---|---|---|---|
| F1 | 政府对土地规模经营（家庭农场）有没有直接资金补贴？ |  |  |  |
| F2 | 政府对土地规模经营（家庭农场）有没有项目补贴？ |  |  |  |
| F3 | 政府对一般农户农机购置有没有补贴？ |  |  |  |
| F4 | 政府对土地流转有没有补贴？ |  |  |  |

### 表 J 规模户种植规模

|  | 问题 | 单位/选项 | 2017 年 | 2016 年 | 2014 年 |
|---|---|---|---|---|---|
| J9 | 规模户（转入土地）户数 | 户 |  |  |  |
| J10 | 规模户种植面积 | 标准亩 |  |  |  |

### 表 K 灾害情况

|  | 问题 | 选项 | 2012 年 | 2013 年 | 2014 年 | 2015 年 | 2016 年 | 2017 年 |
|---|---|---|---|---|---|---|---|---|
|  | 过去 6 年有没有受到自然灾害导致产量减少 10% 以上 |  |  |  |  |  |  |  |
|  | 水灾 |  |  |  |  |  |  |  |
| K1 | >10% | 1＝是，0＝否 |  |  |  |  |  |  |
| K2 | >30% | 1＝是，0＝否 |  |  |  |  |  |  |
| K3 | >50% | 1＝是，0＝否 |  |  |  |  |  |  |
|  | 旱灾 |  |  |  |  |  |  |  |
| K4 | >10% | 1＝是，0＝否 |  |  |  |  |  |  |
| K5 | >30% | 1＝是，0＝否 |  |  |  |  |  |  |

续表

|  | 问题 | 选项 | 2012 年 | 2013 年 | 2014 年 | 2015 年 | 2016 年 | 2017 年 |
|---|---|---|---|---|---|---|---|---|
| K6 | >50% | 1 = 是，0 = 否 |  |  |  |  |  |  |
|  | 风灾 |  |  |  |  |  |  |  |
| K7 | >10% | 1 = 是，0 = 否 |  |  |  |  |  |  |
| K8 | >30% | 1 = 是，0 = 否 |  |  |  |  |  |  |
| K9 | >50% | 1 = 是，0 = 否 |  |  |  |  |  |  |
|  | 雪灾 |  |  |  |  |  |  |  |
| K10 | >10% | 1 = 是，0 = 否 |  |  |  |  |  |  |
| K11 | >30% | 1 = 是，0 = 否 |  |  |  |  |  |  |
| K12 | >50% | 1 = 是，0 = 否 |  |  |  |  |  |  |
|  | 冰雹 |  |  |  |  |  |  |  |
| K13 | >10% | 1 = 是，0 = 否 |  |  |  |  |  |  |
| K14 | >30% | 1 = 是，0 = 否 |  |  |  |  |  |  |
| K15 | >50% | 1 = 是，0 = 否 |  |  |  |  |  |  |
|  | 冻灾：播期低温冷害，早霜冻害 |  |  |  |  |  |  |  |
| K16 | >10% | 1 = 是，0 = 否 |  |  |  |  |  |  |
| K17 | >30% | 1 = 是，0 = 否 |  |  |  |  |  |  |
| K18 | >50% | 1 = 是，0 = 否 |  |  |  |  |  |  |
|  | 病虫害 |  |  |  |  |  |  |  |
| K19 | >10% | 1 = 是，0 = 否 |  |  |  |  |  |  |
| K20 | >30% | 1 = 是，0 = 否 |  |  |  |  |  |  |
| K21 | >50% | 1 = 是，0 = 否 |  |  |  |  |  |  |
|  | 其他灾害（注明：____） |  |  |  |  |  |  |  |
| K22 | >10% | 1 = 是，0 = 否 |  |  |  |  |  |  |
| K23 | >30% | 1 = 是，0 = 否 |  |  |  |  |  |  |
| K24 | >50% | 1 = 是，0 = 否 |  |  |  |  |  |  |

# 附录 C

## 2015 年农户调查表（节选）

农户编码

## 粮食规模化生产情况研究
## 农户调查表

省：_____

县/市：_____

乡镇：_____

村：_____

被访问人姓名：_____

是否户主：_____

是否规模户：_____

调查员姓名：_____

调查日期：_____

调查员手机号码：_____

查表人员姓名：_____

查表人手机号码：_____

2015 年 8 月

### 表 A  农户家庭基本信息

|  | 家庭人口信息 | A | B | C |
|---|---|---|---|---|
|  | 问题 | 2012 年底 | 2013 年底 | 2014 年底 |
| A1 | 家里几口人（人） |  |  |  |
| A2 | 几个劳动力 |  |  |  |
| A3 | 其中有几个参加非农工作 |  |  |  |

### 表 B  家庭土地信息

| 编码 | 问题 | 选项 | 答案 |
|---|---|---|---|
| B1 | 2015 年您家种多少土地？ | 亩 |  |
| B2 | 其中自有地多少亩？ | 亩 |  |
| B3 | 2015 年有没有把自有地转给他人种？ | 1 = 有；0 = 没有 |  |
| B4 | 若有，面积多大？ | 亩 |  |
| B5 | 2014 年您家一共多少块地？ | 块 |  |
| B6 | 2014 年您家种多少地？ | 亩 |  |
| B7 | 其中自有地多少亩？ | 亩 |  |
| B8 | 2013 年您家种多少地？ | 亩 |  |
| B9 | 2012 年您家种多少地？ | 亩 |  |
| B10 | 2011 年您家种多少地？ | 亩 |  |
| B11 | 您家从什么时候开始专门转入土地搞规模种植（只问规模户） | 年 |  |

### 表 B  家庭土地信息

如果 2014 年经营土地中有转入土地问下表：

依据流转土地转入时间不同，分批次（要求转入时间（同一年内）和合约安排一致，从远到近依次问：

| 批次排序 | B12<br>土地面积 | B13<br>当前合约形式 | B14<br>哪一年签的合同?<br>(或口头约定) | B16<br>当前合同规定的流转期 | B17<br>土地租金形式 | B18<br>2014 年土地租金<br>(实物折价) |
|---|---|---|---|---|---|---|
| | 亩 | 1 = 书面<br>2 = 口头 | 年份 | 年 | 1 = 现金;<br>2 = 实物;<br>3 = 现金 + 实物;<br>4 = 不收租金;<br>5 = 其他,请说明 | 元/亩 |
| 1 | | | | | | |
| | | | | | | |
| 12 | | | | | | |

## 表 C  地块基本信息

### 转入最大地块(B)信息

| 地块编码 | 该地块哪一年转入? | 流转土地采取的约定形式是? | 租金形式是? | 在流转期限内租金是否固定? | 若租金不固定,请问租金如何调? | 2017 年的租金是多少?实物折算为现金? | 租金支付方式? |
|---|---|---|---|---|---|---|---|
| | 年份 | 1 = 口头约定;<br>2 = 书面合同 | 1 = 现金;<br>2 = 实物;<br>3 = 现金 + 实物;4 = 不收租金;5 = 其他,请说明 | 1 = 是 =><br>C29;<br>0 = 否 | 1 = 固定租金 + 分成;<br>2 = 租金按固定比例增加;3 = 根据物价变动灵活调整 | 元/亩 | 1 = 合同期内一次性付清;<br>2 = 交部分定金;3 = 一年一付,年初付;4 = 一年一付,年末付;5 = 其他,请说明 |
| 编码 | C16 | C21 | C26 | C27 | C28 | C29 | C30 |
| B(转入土地) | | | | | | | |

附录 C | **173**

### 表 H 投资

**2015～2017 年新增生产性资产情况（农机等）**

| 自有农业 | H1 | H2 | H3 | H4 | H5 |
|---|---|---|---|---|---|
| 机械编码 | 资产名称 | 购置时间 | 机械总售价 | 购买时获得补贴 | 预计可以使用多少年 |
| | （代码一） | 年份 | 元 | 元 | 年 |
| | | | | | |

代码一：1＝拖拉机，2＝水泵，4＝喷雾器，5＝旋耕机，6＝播种机，7＝收割机，8＝打谷机/脱粒机，9＝扬场机，10＝米面磨坊/粮食加工机械，11＝三轮车/板车等，12＝仓储设施，13＝其他，请注明。

### 表 J 保险与信贷及相关问题

| 问题代码 | 问题 | 选项 | 答案 |
|---|---|---|---|
| J2 | 您家 2014 年是否购买了种植业保险？ | 1＝是；0＝否 | |

# 附录 D

## 2015 年村庄问卷（节选）

问卷编码：

## 粮食规模化生产情况调研

村庄问卷

| | |
|---|---|
| 省： | |
| 县： | |
| 乡（镇）： | |
| 村： | |
| 被访问人姓名： | |
| 被访问人职务： | |
| 被访问人手机号码： | |
| 访问员姓名： | |
| 访问员手机号码： | |

填表说明

1. 问卷所有空格都要按要求填写，并且只填写数字。答案为不知道的话填"999"，文字说明请写在页边空白处。

2. 本调查数据用于研究分析，请务必客观、如实填写，感谢支持和配合！

### 表 A　村土地特征

| 问题 | 单位/选项 | 2014 年 |
|---|---|---|
| 村耕地总面积 | 标准亩（667m²） | |
| 其中：耕地流转比例 | % | |

### 表 F　政府或村集体关于规模经营的支持政策（如果有，打"1"）

| 编码 | 问题 | 2012 年 | 2013 年 | 2014 年 |
|---|---|---|---|---|
| F1 | 政府对土地规模经营(家庭农场)有没有直接资金补贴? | | | |
| F2 | 政府对土地规模经营(家庭农场)有没有项目补贴? | | | |
| F3 | 政府对一般农户农机购置有没有补贴? | | | |
| F4 | 政府对土地流转有没有补贴? | | | |

# 参 考 文 献

[1] 蔡颖萍, 杜志雄. 玉米临时收储政策调整对家庭农场土地流转租金的影响分析 [J]. 中国农村观察, 2020 (3): 114-129.

[2] 曹飞. 中国省域农民工资性收入与城镇化的空间面板分析 [J]. 新疆大学学报 (哲学·人文社会科学版), 2016, 44 (5): 8-14.

[3] 陈锡文, 韩俊. 经济新常态下破解 "三农" 难题新思路 [M]. 北京: 清华大学出版社, 2016.

[4] 陈晓玲, 产颖. 对实行粮食最低收购价政策的效果评析 [J]. 黑龙江对外经贸, 2011 (4): 103-105.

[5] 程必定. "有效市场+有为政府" 的理论逻辑与政府实践逻辑 [J]. 西部论坛, 2023, 33 (1): 1-13.

[6] 程名望, 史清华, Jin Yanhong, 盖庆恩. 农户收入差距及其根源: 模型与实证 [J]. 管理世界, 2015 (7): 17-28.

[7] 仇焕广, 苏柳方, 张祎彤, 唐建军. 风险偏好、风险感知与农户保护性耕作技术采纳 [J]. 中国农村经济, 2020 (7): 59-79.

[8] 崔宁波, 张正岩. 临储政策取消下玉米种植结构调整的影响因素与收入效应——基于黑龙江省镰刀弯地区调查数据的分析 [J]. 商业研究, 2017 (11): 153-163.

[9] 戴翔, 宋婕. "一带一路" 倡议的全球价值链优化效应——基于沿线参与国全球价值链分工地位提升的视角 [J]. 中国工业经济, 2021 (6): 99-117.

[10] 丁吉萍, 黄季焜, 盛誉. 从单产和利润再看农户适度规模经

营：来自东北、华北农户粮食生产的实证分析 [J]. 农林经济管理学报，2021，20（1）：19 - 28.

[11] 丁琪，杨艳涛，安岩. 玉米主产省生产效率测度及影响因素分析——基于 DEA-Tobit 模型的实证研究 [J]. 中国农学通报，2021，37（23）：151 - 157.

[12] 丁声俊. 以价格杠杆撬动农业发展稳中奋进 [J]. 价格理论与实践，2016（12）：5 - 9.

[13] 丁永潮，施海波，吕开宇. 玉米收储制度改革的农户政策响应研究——基于规模异质性的视角 [J]. 干旱区资源与环境，2022，36（3）：22 - 27.

[14] 杜艳艳. 2014 年美国农业法案的主要政策变化及其影响 [J]. 世界农业，2014（12）：69 - 73.

[15] 樊琦，祁迪，李霜. 玉米临时收储制度的改革与转型研究 [J]. 农业经济问题，2016，37（8）：74 - 81.

[16] 弗兰克·艾利思. 农民经济学——农民家庭农业和农业发展（第二版）[M]. 上海：格致出版社、上海人民出版社，2019.

[17] 高帆. 我国区域农业全要素生产率的演变趋势与影响因素——基于省际面板数据的实证分析 [J]. 数量经济技术经济研究，2015，32（5）：3 - 19，53.

[18] 高鸣，魏佳朔. 收入性补贴与粮食全要素生产率增长 [J]. 经济研究，2022，57（12）：143 - 161.

[19] 高强. 理性看待种粮大户"毁约弃耕"现象 [J]. 农村经营管理，2017（4）：1.

[20] 官斌斌，郭庆海. 玉米收储政策改革对农村地租水平的影响——基于吉林省的分析 [J]. 干旱区资源与环境，2021，35（5）：8 - 14.

[21] 官斌斌，杨宁，刘帅. 玉米生产者补贴政策实施效果及其完善 [J]. 农业经济问题，2021（10）：127 - 138.

[22] 宫炳含，曾智，米锋. 价补分离政策对农民种粮收入的影响研究 [J]. 玉米科学，2021，29（5）：184 – 190.

[23] 顾和军，李青. 2014 年美国农业法案商品计划的调整及对中国的启示 [J]. 世界农业，2016（7）：110 – 113.

[24] 顾莉丽，郭庆海，高璐. 我国玉米收储制度改革的效应及优化研究——对吉林省的个案调查 [J]. 经济纵横，2018（4）：106 – 112.

[25] 顾莉丽，郭庆海，胡志豪. 玉米临储价格取消的传导效应及应对建议——来自吉林省的实践分析 [J]. 价格理论与实践，2016（11）：66 – 69.

[26] 顾莉丽，郭庆海. 玉米收储政策改革及其效应分析 [J]. 农业经济问题，2017，38（7）：72 – 79.

[27] 顾莉丽. 玉米"价补分离"政策改变了农户的生产行为吗？[J]. 农村经济，2021（2）：12 – 19.

[28] 顾晟景，周宏. 生产性服务业对农业全要素生产率的影响研究——基于中介效应的影响路径分析 [J]. 中国农业资源与区划，2022，43（3）：106 – 116.

[29] 郭天宝，董毓玲，周亚成. 玉米临储制度取消带给农民的究竟是什么？——以东北玉米主产区为例 [J]. 经济研究参考，2017（14）：18 – 23.

[30] 韩俊，王建祥. 论我国农业政策目标与手段的选择 [J]. 经济管理，1992（11）：10 – 13，50.

[31] 何秀丽，刘文新. 东北农业适度规模经营形势及发展策略研究 [J]. 智库理论与实践，2019，4（6）：21 – 29.

[32] 贺伟，朱善利. 我国粮食托市收购政策研究 [J]. 中国软科学，2011（9）：10 – 17.

[33] 胡迪，杨向阳，王舒娟. 大豆目标价格补贴政策对农户生产行为的影响 [J]. 农业技术经济，2021（3）：16 – 24.

[34] 胡小平，范传棋，高洪洋. 改革开放 40 年中国粮食价格调控的回顾与展望 [J]. 四川师范大学学报（社会科学版），2018，45（6）：23 – 29.

[35] 黄季焜. 农业供给侧结构性改革的关键问题：政府职能和市场作用 [J]. 中国农村经济，2018（2）：2 – 14.

[36] 黄炜，张子尧，刘安然. 从双重差分法到事件研究法 [J]. 产业经济评论，2022（2）：17 – 36.

[37] 黄宗智. 华北小农与社会变迁 [M]. 北京：中华书局，1986.

[38] 贾娟琪，李先德，王士海. 粮食支持政策调整对不同规模粮农种植决策的影响——基于山东、河北和河南三省的农户调研数据 [J]. 经济体制改革，2017（1）：89 – 95.

[39] 江艇. 因果推断经验研究中的中介效应与调节效应 [J]. 中国工业经济，2022（5）：100 – 120.

[40] 江鑫，颜廷武，尚燕，张俊飚. 土地规模与农户秸秆还田技术采纳——基于冀鲁皖鄂 4 省的微观调查 [J]. 中国土地科学，2018，32（12）：42 – 49.

[41] 姜长云. 农户分化对粮食生产和种植行为选择的影响及政策思考 [J]. 理论探讨，2015（1）：69 – 74.

[42] 姜天龙，郭庆海. 玉米目标价格改革：难点及其路径选择 [J]. 农村经济，2017（6）：19 – 27.

[43] 蒋艳芝，丁志超，李光泗. 高质量增长背景下农业全要素生产率影响因素分析——以江苏省为例 [J]. 河北农业大学学报（社会科学版），2021，23（3）：26 – 32.

[44] 兰录平. 我国粮食最低收购价政策的效应和问题及完善建议 [J]. 农业现代化研究，2013，34（5）：513 – 517.

[45] 乐姣，曲春红，李辉尚. 国内外玉米价格传导关系影响研究——基于收购政策市场化改革背景 [J]. 中国农业资源与区划，2021（3）：

85 – 94.

[46] 李朝柱，章红霞，丁志超，冯娜娜．最低收购价格下降对农户稻谷种植面积的影响——基于小农户和规模户比较的视角 [J]．中国农业大学学报，2019，24（12）：168 – 176.

[47] 李登旺，仇焕广，吕亚荣．欧美农业补贴政策改革的新动态及其对我国的启示 [J]．中国软科学，2015（8）：12 – 21.

[48] 李光泗，王莉，刘梦醒．粮食价格支持与农业生产反应——基于小麦数据的实证分析 [J]．江苏师范大学学报（哲学社会科学版），2017，43（6）：126 – 132.

[49] 李国祥．基于成本收益对我国农民种粮积极性影响因素的研究 [J]．价格理论与实践，2021（1）：46 – 52，165.

[50] 李国祥．深化我国粮食政策性收储制度改革的思考 [J]．中州学刊，2017（7）：31 – 37.

[51] 李晗，赵敏娟，陆迁．畜禽禁养区政策降低了中国生猪产能吗——基于县域面板数据的实证分析 [J]．农业经济问题，2021（8）：12 – 27.

[52] 李江一．农业补贴政策效应评估：激励效应与财富效应 [J]．中国农村经济，2016（12）：17 – 32.

[53] 李娇，王志彬，吴娅．不同土地规模下农户节水灌溉技术采用行为——以张掖市为例 [J]．江苏农业科学，2019，47（11）：41 – 46.

[54] 李娟娟，黎涵，沈淘淘．玉米收储制度改革后出现的新问题与解决对策 [J]．经济纵横，2018（4）：113 – 118.

[55] 李娟娟，沈淘淘．玉米市场化改革下农户种植决策影响因素研究——基于吉林省农户对优化种植结构选择行为的分析 [J]．价格理论与实践，2018（3）：115 – 118.

[56] 李茂松，李章成，王道龙，杨修等．50年来我国自然灾害变化对粮食产量的影响 [J]．自然灾害学报，2005，14（2）：55 – 60.

[57] 李明文，王振华，张广胜．东北玉米种植结构调整与粮食高质量增长——基于全要素生产率视角 [J]．农业现代化研究，2019，40（5）：745 −754．

[58] 李容容，罗小锋，薛龙飞．种植大户对农业社会化服务组织的选择：营利性组织还是非营利性组织？[J]．中国农村观察，2015（5）：73 −84．

[59] 李万君，李艳军．美国农业补贴政策演变及对我国的启示 [J]．农业现代化研究，2014，35（3）：268 −272．

[60] 李显戈．政策干预对国内外玉米价格传导的影响分析 [J]．科技与经济，2019，32（3）：46 −49．

[61] 李雪，袁青青，韩一军．价格支持政策对粮食种植面积的影响机理分析——以小麦省级面板数据为例 [J]．中国农业资源与区划，2019，40（1）：89 −96．

[62] 李兆亮，罗小锋，丘雯文．经营规模、地权稳定与农户有机肥施用行为——基于调节效应和中介效应模型的研究 [J]．长江流域资源与环境，2019，28（8）：1918 −1928．

[63] 李志军，张毅．公共政策评估理论演进、评析与研究展望 [J]．管理世界，2023，39（3）：158 −171．

[64] 李周，杜志雄，朱钢．农业经济学 [M]．北京：中国社会科学出版社，2017．

[65] 连玉君，彭方平，苏治．融资约束与流动性管理行为 [J]．金融研究，2010（10）：158 −171．

[66] 廖进球，黄青青．价格支持政策与粮食可持续发展能力：基于玉米临时收储政策的自然实验 [J]．改革，2019（4）：115 −125．

[67] 刘超，王雅静，陈其兰，朱满德．中国玉米生产技术效率的测度及其影响因素研究——基于1995—2015 年省级面板数据的实证 [J]．世界农业，2018（8）：139 −145．

[68] 刘成坤. 农村人口老龄化与农业全要素生产率的区域异质性 [J]. 华南农业大学学报（社会科学版），2021，20（6）：46 - 55.

[69] 刘华. 农村人口老龄化对收入不平等影响的实证研究 [J]. 数量经济技术经济研究，2014，31（4）：99 - 112.

[70] 刘慧，秦富，赵一夫，周向阳. 玉米收储制度改革进展、成效与推进建议 [J]. 经济纵横，2018（4）：99 - 105.

[71] 刘慧，薛凤蕊，周向阳，刘福江，赵一夫. 玉米收储制度改革对东北主产区农户种植结构调整意愿的影响——基于吉林省359个农户的调查数据 [J]. 中国农业大学学报，2018（11）：187 - 195.

[72] 刘克春. 粮食生产补贴政策对农户粮食种植决策行为的影响与作用机理分析——以江西省为例 [J]. 中国农村经济，2010（2）：12 - 21.

[73] 刘鹏凌，李乾，栾敬东，程红雨. 种植大户成立新型农业经营组织的动因分析——基于安徽省桐城市的调研 [J]. 农业技术经济，2015（12）：52 - 59.

[74] 刘强，刘琦，杨万江. 农户土地经营规模对我国水稻生产成本效率的影响分析 [J]. 中国农业大学学报，2017，22（4）：153 - 161.

[75] 刘彦伯. 美国农业补贴政策的优劣与启示 [J]. 经济纵横，2013（8）：121 - 124.

[76] 刘友金，曾小明. 房产税对产业转移的影响：来自重庆和上海的经验证据 [J]. 中国工业经济，2018（11）：98 - 116.

[77] 吕晓英，李先德. 美国农业政策支持水平及改革走向 [J]. 农业经济问题，2014，35（2）：102 - 109.

[78] 吕越，张昊天，薛进军，赵旭杰. 税收激励会促进企业污染减排吗——来自增值税转型改革的经验证据 [J]. 中国工业经济，2023（2）：112 - 130.

[79] 罗超烈，曾福生. 欧盟共同农业政策的演变与经验分析 [J]. 世界农业，2015（4）：69 - 72.

[80] 罗丹，李文明，陈洁. 种粮效益：差异化特征与政策意蕴——基于3400个种粮户的调查 [J]. 管理世界，2013 (7)：59 –70.

[81] 罗斯炫，何可，张俊飚. 改革开放以来中国农业全要素生产率再探讨——基于生产要素质量与基础设施的视角 [J]. 中国农村经济，2022 (2)：115 –136.

[82] 马瑞，柳海燕，徐志刚. 农地流转滞缓：经济激励不足还是外部市场条件约束？——对4省600户农户2005 ~2008年期间农地转入行为的分析 [J]. 中国农村经济，2011 (11)：36 –48.

[83] 梅楠，孙良. 我国玉米贸易竞争力与比较优势研究 [J]. 经济纵横，2014 (11)：67 –70.

[84] 缪书超，钱龙，宋亮. 收储制度市场化改革能够稳定玉米价格波动吗？——基于双重差分方法的分析 [J]. 商业研究，2019 (9)：11 –19.

[85] 潘林青，叶婧. 从"信心满满"到"毁约弃耕"种粮大户为何突然"撂挑子"[J]. 农村·农业·农民 (A版)，2017 (3)：39 –41.

[86] 彭超. 美国2014年农业法案的市场化改革趋势 [J]. 世界农业，2014 (5)：77 –81.

[87] 彭乙申，易福金. 玉米临时收储改革的可能选项与影响分析 [J]. 江苏农业科学，2017，45 (16)：351 –357.

[88] 齐皓天，徐雪高，王兴华. 美国农产品目标价格补贴政策演化路径分析 [J]. 中国农村经济，2016 (10)：82 –93.

[89] 钱贵霞，李梦雅，潘月红. 中国主要农产品比价关系及其合理性分析 [J]. 农业展望，2017 (3)：13 –17.

[90] 钱加荣，赵芝俊. 价格支持政策对粮食价格的影响机制及效应分析 [J]. 农业技术经济，2019 (8)：89 –98.

[91] 阮荣平，刘爽，刘力，郑风田. 玉米收储制度改革对家庭农场经营决策的影响——基于全国1942家家庭农场两期跟踪调查数据 [J]. 中国农村观察，2020 (4)：109 –128.

[92] 阮荣平，刘爽，郑风田. 新一轮收储制度改革导致玉米减产了吗: 基于 DID 模型的分析 [J]. 中国农村经济，2020 (1): 86 – 107.

[93] 沈琼，李家家. 地权稳定促进了家庭农场的农地保护性投资吗——基于 620 户家庭农场的实证分析 [J]. 甘肃行政学院学报，2020 (6): 111 – 123.

[94] 施海波，吕开宇，栾敬东. 土地禀赋、支持政策与农户经营规模的扩大——基于 4 省 1040 户农户调查数据的分析 [J]. 西北农林科技大学学报 (社会科学版)，2019，19 (2): 142 – 151.

[95] [美] 斯图亚特·S. 内格尔. 政策研究: 整合与评估 [M]. 刘守恒，等译. 吉林: 吉林人民出版社，1994.

[96] 宋雨河，武拉平. 农户粮食种植决策影响因素研究——基于河北省农村固定观察点数据 [J]. 中国农业资源与区划，2017，3801: 12 – 16，88.

[97] 苏卫良，刘承芳，张林秀. 非农就业对农户家庭农业机械化服务影响研究 [J]. 农业技术经济，2016，(10): 4 – 11.

[98] 苏治，胡迪. 通货膨胀目标制是否有效？——来自合成控制法的新证据 [J]. 经济研究，2015，50 (6): 74 – 88.

[99] 隋丽莉，顾莉丽. 新世纪以来我国粮食价格政策成效、问题与改革方向 [J]. 经济纵横，2020 (3): 119 – 128.

[100] 隋丽莉，郭庆海. "价补分离" 政策对玉米种植结构调整效应研究——基于吉林省调研数据的分析 [J]. 价格理论与实践，2018 (12): 95 – 98.

[101] 隋丽莉. 我国玉米 "价补分离" 政策的效应研究 [M]. 吉林: 吉林农业大学，2020.

[102] 孙艳，石志恒，孙鹏飞. 规模经营能否提高种植大户的经营效率——以甘肃玉米种植大户为例 [J]. 中国农业资源与区划，2019，40 (3): 78 – 84.

[103] 田聪颖. 我国大豆目标价格补贴政策评估研究 [D]. 中国农业大学, 2018.

[104] 田旭, 张淑雯. 单位面积利润变化与我国粮食种植结构调整 [J]. 华南农业大学学报 (社会科学版), 2017, 16 (6): 59 – 71.

[105] 王建军, 陈培勇, 陈风波. 不同土地规模农户经营行为及其经济效益的比较研究——以长江流域稻农调查数据为例 [J]. 调研世界, 2012 (5): 34 – 37.

[106] 王力, 孙鲁云. 最低收购价政策能稳定粮食价格波动吗 [J]. 农业技术经济, 2019 (2): 111 – 121.

[107] 王立勇, 常清. 服务业开放政策效果评估: 来自准自然实验的经验证据 [J]. 数量经济研究, 2020, 11 (3): 14 – 31.

[108] 王丽娜. 国际市场玉米价格对国内市场玉米价格的传导研究 [J]. 价格月刊, 2017 (6): 17 – 19.

[109] 王士海, 李先德. 粮食最低收购价政策托市效应研究 [J]. 农业技术经济, 2012 (4): 105 – 111.

[110] 王双正. 粮食流通体制改革30年: 回顾与反思 [J]. 财贸经济, 2008 (11): 111 – 124.

[111] 王新刚, 司伟. 大豆补贴政策改革实现大豆扩种了吗? ——基于大豆主产区124个地级市的实证 [J]. 中国农村经济, 2021 (12): 44 – 65.

[112] 王学君, 晋乐, 朱晶. 中美农业国内支持争端: 争议点分析及对今后的启示 [J]. 农业经济问题, 2020 (5): 92 – 103.

[113] 王则宇, 李谷成, 周晓时. 农业劳动力结构、粮食生产与化肥利用效率提升——基于随机前沿生产函数与 Tobit 模型的实证研究 [J]. 中国农业大学学报, 2018, 23 (2): 158 – 168.

[114] 卫龙宝. 农业政策目标的多重性及其在现实中的矛盾 [J]. 经济研究, 1990 (1): 61 – 65.

[115] 魏后凯. 农业供给侧结构性改革的推进策略 [J]. 区域经济评论, 2017 (6): 22 - 24.

[116] 文长存, 孙玉竹, 魏昊, 吴敬学. 新形势下农户粮食规模经营行为及其影响因素研究——基于粮食主产区的调查数据 [J]. 华中农业大学学报 (社会科学版), 2017 (3): 8 - 16, 149.

[117] 翁鸣. 农业供给侧结构性改革理论与实践探索——深入推进农业供给侧结构性改革研讨会综述 [J]. 中国农村经济, 2017 (8): 91 - 96.

[118] 吴海涛, 霍增辉, 臧凯波. 农业补贴对农户农业生产行为的影响分析——来自湖北农村的实证 [J]. 华中农业大学学报 (社会科学版), 2015 (5): 25 - 31.

[119] 吴海霞, 葛岩. 粮食托市收购政策效应评估——以玉米临储政策为例 [J]. 华中农业大学学报 (社会科学版), 2016 (6): 56 - 63, 144.

[120] 吴雪燕. 美国农业补贴政策及其对我国的启示 [J]. 西南民族大学学报 (人文社科版), 2010, 31 (8): 130 - 134.

[121] 武舜臣. 粮食安全保障与稻麦"三量齐增"应对: 中国玉米和日本稻米改革的经验启示 [J]. 经济学家, 2018 (4): 96 - 103.

[122] 习银生. 多措并举深入推进玉米供给侧结构性改革 [J]. 农村工作通讯, 2017 (5): 52.

[123] 习银生. 五问玉米收储制度改革 (一) 玉米收储制度改革的背景及原因 [J]. 农产品市场周刊, 2016 (14): 12 - 14.

[124] 辛阳, 赵大坤. 我国大豆期货价格的传导效应研究——基于国际市场因素的 VAR 模型分析 [J]. 价格理论与实践, 2020 (6): 97 - 100.

[125] 徐建玲, 储怡菲, 冯磊. 不同规模农户售粮行为差异及影响因素分析——基于安徽省 320 个农户的调查数据 [J]. 农村经济, 2018 (11): 102 - 109.

[126] 徐建青. 恰亚诺夫《农民经济理论》简介 [J]. 中国经济史研究, 1988 (4): 147 - 156.

[127] 徐敏，姜勇．中国产业结构升级能缩小城乡消费差距吗？[J]．数量经济技术经济研究，2015，32（3）：3 – 21.

[128] 徐增海．我国农民工资性收入波动及其环境因素的实证研究 [J]．中国软科学，2011（6）：186 – 192.

[129] 徐志刚，安宁．我国玉米市场调控的经验教训与优化建议 [J]．玉米科学，http: //kns. cnki. net/kcms/detail/22. 1201. s. 20230130. 1408. 001. html，2023 – 01 – 30.

[130] 徐志刚，李美佳，罗玉峰，仇焕广．粮食规模生产经营的经济效应与经营风险研究——基于对玉米生产规模户和普通户的比较 [J]．玉米科学，2017，25（5）：145 – 151.

[131] 徐志刚，习银生，张世煌．2008/2009 年度国家玉米临时收储政策实施状况分析 [J]．农业经济问题，2010，31（3）：16 – 23.

[132] 徐志刚，张骏逸，吕开宇．经营规模、地权期限与跨期农业技术采用——以秸秆直接还田为例 [J]．中国农村经济，2018（3）：61 – 74.

[133] 许鹤，顾莉丽，刘帅，郎敏等．价补分离政策下农户的玉米种植行为研究——基于吉林省宏观与微观数据分析 [J]．中国农业资源与区划，2021，42（8）：218 – 225.

[134] 杨进，钟甫宁，陈志钢，彭超．农村劳动力价格、人口结构变化对粮食种植结构的影响 [J]．管理世界，2016（1）：78 – 87.

[135] 姚志，谢云．玉米临时收储价格政策实施效果与改制原因分析 [J]．价格月刊，2016（11）：26 – 30.

[136] 叶锋，李谷成，李欠男．收储制度改革能否推动玉米高质量发展？——基于全要素生产率的分析 [J]．商业研究，2022（2）：56 – 66.

[137] 于晓华，武宗励，周洁红．欧盟农业改革对中国的启示：国际粮食价格长期波动和国内农业补贴政策的关系 [J]．中国农村经济，2017（2）：84 – 96.

[138] 余志刚，张靓．农户种植结构调整意愿与行为差异——基于

黑龙江省341个玉米种植农户的调查 [J]. 南京农业大学学报（社会科学版），2018，18（4）：137 – 145，160.

[139] 贠杰. 公共政策评估的制度基础与基本范式 [J]. 管理世界，2023，39（1）：128 – 138.

[140] 贠杰，杨诚虎. 公共政策评估：理论与方法 [M]. 北京：中国社会科学出版社，2006.

[141] 袁辉斌，欧阳涛. 粮食最低收购价格与农民收入的相关性研究——以湖南省为例 [J]. 湖南农业大学学报（社会科学版），2011，12（3）：6 – 10.

[142] 曾雅婷，Jin Yanhong，吕亚荣. 农户劳动力禀赋、农地规模与农机社会化服务采纳行为分析——来自豫鲁冀的证据 [J]. 农业现代化研究，2017，38（6）：955 – 962.

[143] 曾智，何蒲明. 价补分离政策对农民收入增长影响的统计检验 [J]. 统计与决策，2020，36（22）：76 – 80，a.

[144] 曾智，何蒲明. 政策性玉米价格对农民收入的影响研究 [J]. 玉米科学，2020，28（2）：184 – 190，b.

[145] 詹琳. 美国农业政策的历史演变及启示 [J]. 世界农业，2015（6）：86 – 90.

[146] 张琛，孔祥智. 行政区划调整与粮食生产：来自合成控制法的证据 [J]. 南京农业大学学报（社会科学版），2017，17（3）：121 – 133.

[147] 张崇尚，陈菲菲，李登旺，仇焕广. 我国农产品价格支持政策改革的效果与建议 [J]. 经济社会体制比较，2017（1）：71 – 79.

[148] 张金马. 政策科学导论 [M]. 北京：中国人民大学出版社，1992.

[149] 张俊峰，于冷. 玉米临储政策冲击与猪周期——基于 MSVAR 模型的分析 [J]. 财经科学，2019（6）：95 – 105.

[150] 张磊，李冬艳. 玉米收储政策改革带来的新问题及其应对——

以吉林省为例［J］．中州学刊，2017（7）：38-43．

［151］张倩月，吕开宇，张怀志．农地流转会导致土壤肥力下降吗？——基于4省种粮大户测土结果的实证研究［J］．中国农业资源与区划，2019，40（2）：31-39．

［152］张诗靓，文浩楠，杨艳涛．收储制度改革背景下农户玉米种植调整行为研究——基于优势产区与非优势产区423个农户调查数据对比［J］．中国农业资源与区划，2021，42（11）：180-187．

［153］张士云，陈传静，江激宇，鲍静等．风险效应对种粮大户规模选择行为的影响研究——基于安徽省403个种粮大户调研数据［J］．华东经济管理，2019，33（5）：26-33．

［154］张士云，郑晓晓，万伟刚．销售渠道和收储设施对销售价格的影响——以安徽省种粮大户为例［J］．农业现代化研究，2017，38（4）：623-631．

［155］张爽．粮食最低收购价政策对主产区农户供给行为影响的实证研究［J］．经济评论，2013（1）：130-136．

［156］张忠明，钱文荣．不同土地规模下的农户生产行为分析——基于长江中下游区域的实地调查［J］．四川大学学报（哲学社会科学版），2008（1）：87-93．

［157］赵丹丹，周宏．农户分化背景下种植结构变动研究——来自全国31省农村固定观察点的证据［J］．资源科学，2018，40（1）：64-73．

［158］赵德余．从国家统购到合同定购：1985年粮食市场化改革的初次尝试及其价值［J］．中国市场，2011（29）：12-19．

［159］赵霞，刘云，易山姣．粮食托市收购政策的增产效应研究［J］．粮食科技与经济，2016，41（6）：18-21．

［160］赵玉，严武．中国粮食种植面积能对市场作出正确响应吗？——基于面板联立方程的实证［J］．农林经济管理学报，2019（3）：313-324．

[161] 郑风田. 深入推进我国农业供给侧结构性改革的进路 [J]. 新疆师范大学学报（哲学社会科学版），2017 (5)：41 –51.

[162] 郑适. 玉米 "三量齐增" 与供给侧结构性改革政策研究 [J]. 价格理论与实践，2016 (8)：29 –32.

[163] 郑新业，王晗，赵益卓. "省直管县" 能促进经济增长吗？——双重差分方法 [J]. 管理世界，2011 (8)：34 –44.

[164] 钟甫宁. 农业经济学 [M]. 北京：中国农业出版社，2011.

[165] 钟鑫，张忠明，王琛，吴敬学. 中国玉米核心优势区技术效率及技术进步模式研究——基于 2000 ~ 2013 年的省际面板数据 [J]. 玉米科学，2016 (1)：166 –172.

[166] 钟钰，秦富. 我国价格支持政策对粮食生产的影响研究 [J]. 当代经济科学，2012，34 (3)：119 –123，128.

[167] 钟涨宝. 农村社会学 [M]. 北京：高等教育出版社，2010.

[168] 周黎安，陈烨. 中国农村税费改革的政策效果：基于双重差分模型的估计 [J]. 经济研究，2005 (8)：44 –53.

[169] 周鹏飞，谢黎，王亚飞. 我国农业全要素生产率的变动轨迹及驱动因素分析——基于 DEA—Malmquist 指数法与两步系统 GMM 模型的实证考察 [J]. 兰州学刊，2019 (12)：170 –186.

[170] 周应恒，彭云，周德. 中国农业发展困境与农业支持政策改革转型——基于欧盟共同农业支持政策改革的启示 [J]. 江苏农业科学，2017，45 (11)：289 –293.

[171] 朱满德，李辛一，程国强. 综合性收入补贴对中国玉米全要素生产率的影响分析——基于省级面板数据的 DEA-Tobit 两阶段法 [J]. 中国农村经济，2015 (11)：4 –14.

[172] 朱满德，张琪. 要素市场化配置改革与中国玉米全要素生产率增长 [J]. 湖南农业大学学报（社会科学版），2020，21 (4)：1 –11.

[173] 朱喜安，李良. 粮食最低收购价通知对粮食价格的影响——

基于事件分析法的研究 [J]. 社会科学家, 2016 (5): 60 – 64.

[174] 诸培新, 苏敏, 颜杰. 转入农地经营规模及稳定性对农户化肥投入的影响——以江苏四县 (市) 水稻生产为例 [J]. 南京农业大学学报 (社会科学版), 2017, 17 (4): 85 – 94.

[175] 祝华军, 楼江, 田志宏. 农业种植结构调整: 政策响应、相对收益与农机服务——来自湖北省 541 户农民玉米种植面积调整的实证 [J]. 农业技术经济, 2018 (1): 111 – 121.

[176] 祝卫东, 刘洋. 2017 年中央一号文件解读牢牢把握农业供给侧结构性改革这条主线 [J]. 农村经营管理, 2017 (3): 6 – 8.

[177] 祝伟, 祁丽霞, 王瑞梅, 张希玲. 基于玉米种植的农地规模对化肥减量增效的影响分析 [J]. 中国农业资源与区划, 2021, 42 (10): 84 – 94.

[178] 邹小娇, 张郁. 黑龙江省粮食作物种植结构变化的政策驱动分析——基于 DID 模型 [J]. 中国农学通报, 2021, 37 (15): 150 – 157.

[179] Abadie A, A Diamond, J Hainmueller. Synthetic control methods for comparative case studies: Estimating the effect of california's tobacco control program [J]. Journal of the American Statistical Association, 2010, 105 (490): 493 – 505.

[180] Abadie A, J Gardeazabal. The economic costs of conflict: A case study of the Basque country [J]. American Economic Review, 2003 (1): 113 – 132.

[181] Ajit Kumar Ghose. Farm size and land productivity in Indian agriculture: A reappraisal [J]. The Journal of Development Studies, 1979, 16 (1): 27 – 49.

[182] Baffe S J, J Meerman. From prices to incomes: Agricultural subsidization without protection? [J]. World Bank Research Observer, 1998, 13 (2): 191 – 211.

[183] Barrett C B, Bellemare M F, Hou J Y. Reconsidering conventional explanations of the inverse productivity-size relationship [J]. World Development, 2009, 38 (1): 88 – 97.

[184] Beckman J, Schimmelpfennig D. Determinants of farm income [J]. Agricultural Finance Review, 2015, 75 (3): 385 – 402.

[185] Carter M R. Identification of the inverse relationship between farm size and productivity: An empirical analysis of peasant agricultural production [J]. Oxford Economic Papers, 1984, 36 (1): 131 – 145.

[186] Chen X. Three innovations in agricultural supply – side structural reform [J]. Rural Work Bulletin, 2016 (8): 34.

[187] Chen Y-F, Wu Z-G, Zhu T-H, Yang L, Ma G-Y, Chen H-P. Agricultural policy, climate factors and grain output: Evidence from household survey data in rural China [J]. Journal of Integrative Agriculture, 2013, 12 (1): 169 – 183.

[188] Chilosi D, Murphy Te, Studer R, Tuncer A C. Europe's many itegrations: Geography and grain markets, 1620 – 1913 [J]. Explorations in Economic History, 2013, 50 (1): 46 – 68.

[189] Chintapalli P. Optimal multi-period crop procurement and distribution policy with minimum support prices [J]. Socio-Economic Planning Sciences, 2023, 89.

[190] Christophe Gouel. Optimal food price stabilisation policy [J]. European Economic Review, 2013, (57): 118 – 134.

[191] Cisse A A, Doyen L, Blanchard F, Bene J C. Ecoviability for small-scale fisheries in the context of food security constraints [J]. Ecological Econmics, 2015 (119): 39 – 52.

[192] Dell M. The persistent effects of Peru's mining mita. Econometrica, 2010, 78 (6): 1863 – 1903.

[193] Dragan Miljkovic, Hyun J Jin, Rodney Paul. The role of productivity growth and farmers, income protection policies in the decline of relative farm prices in the United States [J]. Journal of Policy Modeling, 2008 (30): 873-885.

[194] Hayes A F. Beyond Baron and Kenny: Statistical mediation analysis in the new millennium [J]. Communication Monographs, 2009, 76 (4): 408-420.

[195] Honma M. Agricultural trade policy reforms in Japan [R] //Agricultural subsidies in the WTO Green Box: Ensuring coherence with the sustainable development goals. Cambridge: Cambridge University Press, 2009.

[196] Hou M, Fu X. The reconciliation between grain security and farmers' income rise against the background of grain subsidies policy in China [J]. 2009 Second ISECS International Colloquium on Computing, Communication, Control, and Management, 2009 (3): 245-248.

[197] Huang J, Wang X, Rozelle S. The subsidization of farming households in China's agriculture [J]. Food Policy, 2013, 41: 124-132.

[198] Huang J, Wang X, Zhi H, Huang Z, Rozelle S. Subsidies and distortions in China's agriculture: Evidence from producer-level data [J]. Aust. J. Agric. Resour. Econ. , 2011, 55 (1): 53-71.

[199] Huang J, Yang G. Understanding recent challenges and new food policy in China [J]. Global Food Security, 2017 (12): 119-26.

[200] Jacobson L S, Lalonde R J, Sullivan D G. Earnings losses of displaced workers [J]. American Economic Review, 1993, 83 (4): 685-709.

[201] Kagin J, Taylor J E, Yúnez-Naude A. Inverse productivity or inverse efficiency? Evidence from Mexico [J]. Journal of Development Studies, 2015, 52 (3): 1-16.

[202] Kawasaki K. The costs and benefits of land fragmentation of rice

farms in Japan [J]. Australian Journal of Agricultural and Resource Economics, 2010, 54 (4): 509 – 526.

[203] Liu G, Fang H, Gong X, Wang F. Inclusive finance, industrial structure upgrading and farmers' income: Empirical analysis based on provincial panel data in China [J]. PLoS ONE, 2021, 16: 1 – 24.

[204] Lyu K, Chen K, Zhang H. Relationship between land tenure and soil quality: Evidence from China's soil fertility analysis [J]. Land Use Policy, 2019, 80: 345 – 361.

[205] Mahmood Hasan Khan. Farm size and land productivity relationships in pakistan [J]. The Pakistan Development Review, 1979, 18 (1): 69 – 77.

[206] Maier D E, Channaiah L H, Martinez-Kawas A, et al. Monitoring carbon dioxide concentration for early detection of spoilage in stored grain [J]. Julius-Kuhn-Archiv, 2010, (425): 505.

[207] Meena P C, Kumar R, Sivaramane N, et al. Non-farm income as an instrument for doubling farmers' income: Evidences from longitudinal household survey [J]. Agricultural Economics Research Review, 2017, 30 (conf), 127.

[208] Munk K J. Price support to the EC Agriculture Sector: An optimal policy [J]. Oxf Rex Econ Policy, 1989 (5): 76 – 89.

[209] Ralph Cummings J R. Grain price stabilization experiences in Asia: What have we learned? [J]. Food Policy, 2006, 31 (4): 302 – 312.

[210] Sen A K. An aspect of indian agriculture [J]. Economic Weekly, 1962, 14 (4): 243 – 246.

[211] Shahidur Rashid, Ralph Cummings J R, Ashok Gulati. Grain marketing parastatals in Asia: Results form six case studies [J]. World Development, 2007 (11): 1872 – 1888.

[212] Wang S, Liu C, Han L, et al. Corn grain or corn silage: Effects of the grain-to-fodder crop conversion program on farmers' income in China [J]. Agriculture (Switzerland). 2022, 12 (7): 1 – 16.

[213] Yi F, Sun D, Zhou Y. Grain subsidy, liquidity constraints and food security: Impact of the grain subsidy program on the grain-sown areas in China [J]. Food Policy, 2015, 50: 114 – 124.

[214] Yu W, Jensen, H G. China's agricultural policy transition: Impacts of recent reforms and future scenarios [J]. J. Agric. Econ. , 2010, 61 (2): 343 – 368.

[215] Yu W, Jensen H G. Trade policy responses to food price crisis and implications for existing domestic support measures: The case of China in 2008 [J]. World Trade Rev. , 2014, 13 (4): 651 – 683.

图书在版编目（CIP）数据

玉米"价补分离"政策效果研究：基于宏微观双重
视角／吕开宇，丁永潮著. -- 北京：经济科学出版社，
2024. 12. -- ISBN 978 - 7 - 5218 - 6460 - 1

Ⅰ. F326. 11

中国国家版本馆 CIP 数据核字第 2024JM1199 号

责任编辑：初少磊
责任校对：蒋子明
责任印制：范　艳

玉米"价补分离"政策效果研究
——基于宏微观双重视角
YUMI "JIABU FENLI" ZHENGCE XIAOGUO YANJIU
—JIYU HONGWEIGUAN SHUANGCHONG SHIJIAO
吕开宇　丁永潮　著
经济科学出版社出版、发行　新华书店经销
社址：北京市海淀区阜成路甲 28 号　邮编：100142
总编部电话：010 - 88191217　发行部电话：010 - 88191522
网址：www. esp. com. cn
电子邮箱：esp@ esp. com. cn
天猫网店：经济科学出版社旗舰店
网址：http://jjkxcbs. tmall. com
北京联兴盛业印刷股份有限公司印装
710 × 1000　16 开　12. 75 印张　180000 字
2024 年 12 月第 1 版　2024 年 12 月第 1 次印刷
ISBN 978 - 7 - 5218 - 6460 - 1　定价：52. 00 元
（图书出现印装问题，本社负责调换。电话：010 - 88191545）
（版权所有　侵权必究　打击盗版　举报热线：010 - 88191661
QQ：2242791300　营销中心电话：010 - 88191537
电子邮箱：dbts@ esp. com. cn）